受験する前に知っておきたい

国家公務員の専門常識・基礎知識

シグマ・ライセンス・スクール浜松 校長 鈴木俊士 監修

つちや書店

 はじめに

公務員という仕事を知れば、求められる人材が見えてくる

　公務員とは、社会全体に奉仕するのが仕事であり、一般の企業とは違い、利益の追求が目的ではありません。人々の生活を支え、よりよい暮らしのために社会の仕組みやルールを整理するのが仕事です。そのため、責任感や使命感があり、計画性や行動力のある人材が求められます。また、住民の声を幅広く聞ける情報収集力が求められる職業でもあります。つまり、国民や地域、国のことを親身になって強く思える人物が、公務員として求められているのです。

公務員の仕事は幅広く、いろいろな分野で活躍できる

　公務員という仕事には幅広い分野があり、事務作業に従事している人から、バスの運転手、専門的な研究をする人、国会や裁判所で働く人、航空管制官、外交官、植木の剪定をする人、医師や看護師、学校の先生、警察官、消防士、自衛隊員など、住民や国民の生活を支えるために想像以上に多くの職種があります。

　このため、採用試験の内容や日程も違ってくるので、自分に合った職種を見つけたら、それぞれに情報収集が必要となってきます。

ぜひ本書を活用し、国家公務員について理解を深めてください。そして人のため、国のために活躍して、あなたが今、理想としている国家公務員になってくださいね。

公務員に必要な知識とは

　国民の生活を支えるための公務員とは、究極のサービス業とも言えます。公務員として基本的な社会常識はもちろんですが、不特定多数の人を相手にするなかで、公正・中立といった立場をとるためにはバランス感覚や判断力も必要となってきます。

　本書は、公務員になりたいと考えている受験生のために、どんな知識が必要で、何をしておけばよいのかということに重点を置いています。公務員についての知識はもちろん、国家公務員になるために必要な知識にどんなものがあるのかなどを詳しく網羅しています。

知識の蓄積は、実際の現場で活躍するため

　知識を蓄えておくと、後に国家公務員になった際にもその知識が役立ちます。むしろ、それこそが知識を蓄えることの本当の目的です。国家公務員が活躍する場では、どんな人がどんな用件で訪れるか分かりません。前例のないことや、想定していなかった案件も出てきます。それは何年も経験を積んだベテランの国家公務員も同じでしょう。だからこそ、知識を蓄えて、常にあらゆる事態を想定し、日々の業務に取り組んでいく必要があるのです。

　現場の国家公務員が日々向上を目指しているのですから、これから国家公務員になる人が勉強をはじめて早すぎるということはありません。本書はそんな人たちに向け、国家公務員の専門常識、基礎知識をまとめたものになります。将来、国家公務員として活躍するための一助となれば幸いです。

「いま」知っておくことのメリット

　もしあなたが国家公務員を本気で目指す受験生なら、知識を蓄えておくことであらゆるメリットを得ることができます。

メリット① 将来のヴィジョンが明確化する

　国家公務員に限らず、就職活動を行っている人は自分が受験する企業や業界の情報収集に力を入れています。自分が将来長い期間携わる仕事ですから、事前にどんなものなのかをしっかり知っておくことは重要です。国家公務員の仕事は種類が多岐にわたりますので、自分がどんな職種に就きたいか、どんな仕事に向いているのかなど、事前に知ることができ、将来のヴィジョンもより明確になります。

メリット② 公務員採用試験の勉強に入りやすくなる

　公務員採用試験は、一般の企業とは違い公正・中立な立場から過去の試験が公表されており、それだけに事前の対策と準備が大きく合格を左右します。一次試験では中学・高校程度の勉強内容から、ひらめきや判断力が必要な数学的な問題まで幅広く出題されるため、事前の知識が多ければ多いほど、早めの準備と計画が立てられてスムーズに勉強に入ることができます。

メリット③ 面接試験の場でアピールできる

　公務員の採用試験では、面接試験が行われます。競争率が高く受験者数も多いため、面接官はたくさんの受験生の意見を聞くことになります。その中の多くは、どこかで聞いたことのある似たような自己PRや志望動機になってしまうため、少しでも自分をアピールするには、公務員としての知識を深め、独自の現実的な視点を持つことが重要です。公務員としての知識が多ければ、どれだけ公務員という仕事に興味を持っているか、また仕事内容について理解をしているかなど、具体的にアピールすることができます。

公務員試験はこんな試験

受験申込書を提出し、一次試験（筆記試験）、二次試験（面接試験）を受験します。

● 筆記試験

「教養試験」「専門試験」「論文・作文試験」の3種類の試験が実施されます。このうち「教養試験」と「専門試験」は、ほとんど択一形式です。「論文試験」は大卒程度、「作文試験」は高卒程度の試験で多く実施されています。

● 面接試験

公務員採用試験では面接重視の傾向にあります。個人面接、集団面接など複数の面接形式がありますが、基本的にはその人が「どういう人なのか」を見るのが目的です。

> 公務員試験に受かりやすい人には特徴があります。
> 特に面接は、ちょっとした仕草が大きな印象を与えます。
>
> ❶ 公務員に対する熱意がある。その熱意が伝えられる人
> ❷ 身だしなみやあいさつなど、社会人としての基本ができる人
> ❸ 元気な受け応えができる人
>
> 試験では、「社会人としての適性」も見られています。筆記試験の教養試験で一般常識を、面接試験では一般的なマナーを判断しているのです。

本書の使い方

本書では、公務員についての知識を蓄積できると同時に、公務員を目指す受験生にとって、公務員になる前に覚えておきたい知識をまとめています。本書は大きく「専門常識」と「基礎知識」という内容に分かれています。

専門常識…公務員の職種、仕事内容などの専門的な常識。（Chapter1～4）

基礎知識…公務員試験の内容と対策、公務員になる前に知っておきたい知識など。（Chapter5～6）

Chapter 0　知っておくべき基礎の基礎

公務員になる前に、知っておきたいことをまとめています。

Chapter 1　国家公務員の専門常識その1　公務員という仕事

国家公務員・地方公務員についての情報をまとめています。国家公務員・地方公務員の仕事に関して、理解を深めることができます。

Chapter 2　国家公務員の専門常識その2　国家公務員の仕事内容

国家公務員に関するさまざまな仕事内容についてまとめています。また、どのような職業があるかについても紹介しているので、将来自分が就きたい仕事の参考にもなります。

Chapter 3　国家公務員の専門常識その3　歴史・社会

公務員ができた背景や、公務員に関する過去の事例を紹介しています。

Chapter 4　国家公務員の専門常識その4　法律

仕事内容や採用について定めている法律を知れば、普段行う仕事の範囲などがわかります。

Chapter 5　覚えておきたい基礎知識　公務員採用試験

公務員の試験で実際に行われている教科や分野について、内容と対策を紹介しています。

Chapter 6　覚えておきたい基礎知識　公務員になってからでは聞けないこと

公務員として必要な知識や、公務員になった後に役立つ情報などをまとめています。公務員として身につけておきたいことを、この機会に確認しておきましょう。

Chapter 7　国家公務員の専門常識・基礎知識　総まとめ問題集

Chapter1～Chapter6復習できる問題集。どれだけ知識が深まったかを確認できます。

理解度チェック問題ページ

Chapter1〜6の最後には「理解度チェック問題」があります。この問題集で、それぞれのChapterを復習することができます。ただ読んだだけでは頭に入らないことも、この理解度チェック問題を実際に解くことで理解が深まります。

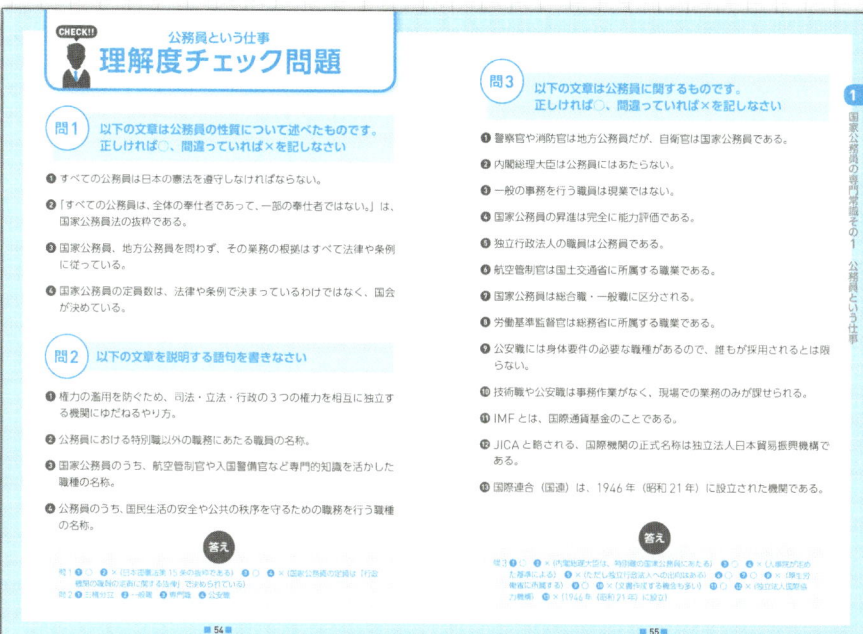

本書を手にしたあなたへ

公務員は、地方公務員と国家公務員の2種類に分かれています。本書は、主に国家公務員の専門常識・基礎知識について解説しています。地方公務員と国家公務員の仕組みや仕事内容は、連動する部分が多数ありますので、志望していないほうも読んで知っておきましょう。

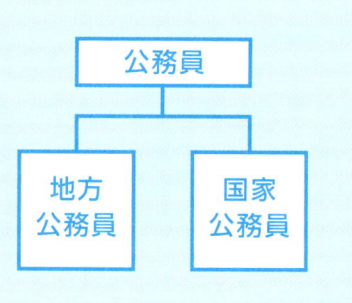

CONTENTS

はじめに ……………………………………………………………… 2
本書の使い方 ………………………………………………………… 6

Chapter0　知っておくべき基礎の基礎

公務員のイメージと現実 ………………………………………… 12
国家公務員の仕事の範囲 ………………………………………… 14
国家公務員知識チェックリスト ………………………………… 16
Column 1 国家公務員も体力づくりが必要 ………………… 18

Chapter1　国家公務員の専門常識その1　公務員という仕事

公務員とは ………………………………………………………… 20
国家公務員と地方公務員 ………………………………………… 22
一般職と特別職 …………………………………………………… 24
国家公務員の職種 ………………………………………………… 26
国際的な場で活躍する公務員 …………………………………… 38
　国際連合職員 …………………………………………………… 39
　世界保健機関（WHO）………………………………………… 40
　国際通貨基金（IMF）…………………………………………… 41
　独立行政法人 国際協力機構（JICA）………………………… 42
　独立行政法人 日本貿易振興機構（JETRO）………………… 43
公務員の待遇 ……………………………………………………… 44
公務員という仕事　理解度チェック問題 ……………………… 54
Column 2 留学制度の魅力と注意点 ………………………… 58

Chapter2　国家公務員の専門常識その2　国家公務員の仕事内容

国家公務員という仕事 …………………………………………… 60
国家総合職と国家一般職　　国家公務員・総合職 …………… 62
　　　　　　　　　　　　　国家公務員・一般職 …………… 63
経済系公務員　　　　　　　国税専門官・税務職員 ………… 64
　　　　　　　　　　　　　財務専門官 ……………………… 65

法律系公務員	裁判所職員		66
	家庭裁判所調査官		67
公安系公務員	防衛省職員		68
	刑務官		69
	入国警備官		69
	皇宮護衛官		69
	警察官（警察庁勤務など）		70
	公安調査官		71
	法務教官		72
	海上保安官		73
その他の公務員	国会職員		74
	衆議院事務局総合職		75
	参議院事務局総合職		76
	国立国会図書館（国会職員）		77
	外務省専門職員		78
	法務省専門職員（人間科学）		79
	航空管制官		80
	労働基準監督官		81
	東京都特別区職員		82
	各種大学校生・海上保安学校学生		83
	食品衛生監視員		84
	独立行政法人		85
内閣総理大臣などの特別職			86
諸外国の公務員			90
国家公務員の仕事内容　理解度チェック問題			92
Column 3 国家公務員に求められる人物像			96

Chapter3　国家公務員の専門常識その3　歴史・社会

律令制度から明治維新まで	98
公務員のルーツ　科挙制度	108
公務員関連事件・出来事事例集	110
歴史・社会　理解度チェック問題	116
Column 4 説明会・セミナーに参加しよう	120

Chapter4　国家公務員の専門常識その4　法律

国家公務員法と地方公務員法 ……………………………………… 122
国家公務員制度改革基本法と内閣人事局 ………………………… 126
法律　理解度チェック問題 ………………………………………… 130
Column 5 国家公務員試験の大幅改革 …………………………… 134

Chapter5　覚えておきたい基礎知識　公務員採用試験

専門試験 ……………………………………………………………… 136
教養試験 ……………………………………………………………… 138
論文・作文対策 ……………………………………………………… 146
公務員採用試験　理解度チェック問題 …………………………… 148
Column 6 係長以上の採用を前提とした経験者採用試験 ……… 152

Chapter6　覚えておきたい基礎知識　公務員になってからでは聞けないこと

時事問題のとらえ方 ………………………………………………… 154
公務員が日常的に使う文書 ………………………………………… 158
公務員がよく使うパソコンソフト ………………………………… 160
公務員に必要な専門用語 …………………………………………… 162
公務員として覚えておきたい英語 ………………………………… 166
公務員になってからでは聞けないこと　理解度チェック問題 … 170
Column 7 公務員が使っている専門用語 ………………………… 174

Chapter7　国家公務員の専門常識・基礎知識　総まとめ問題集

国家公務員の専門常識・基礎知識　総まとめ問題集 …………… 176

索引 …………………………………………………………………… 188
おわりに ……………………………………………………………… 191

Chapter
0

知っておくべき基礎の基礎

時事問題から各部署の専門知識まで、幅広い知識が求められる国家公務員。具体的にどんなことをする職業なのでしょうか。公務員に何よりも求められるのが心構えとやる気です。まずは公務員という職業を正確に理解するところからはじめましょう。

何を知るべきか、なぜ知るべきなのかを把握するところから準備ははじまります。まずはこの章で公務員の基礎知識を身につけましょう。

Chapter 0　知っておくべき基礎の基礎

公務員のイメージと現実

- 公務員ほどイメージと現実がかけ離れた職種はない
- まずは公務員に関するウワサが本当かどうか確かめてみよう

国家公務員の働く場は、世界各地に広がっている

　人々が暮らしやすい社会を目指し、国の機関に所属して国から給与を支給されている職員が国家公務員です。ひとくくりに国家公務員といっても、いくつかの職種があり勤務地も各地にあります。東京の中心地（霞が関など）で働く官僚だけが国家公務員ではありません。全国の主要都市には国の合同庁舎などがあり、そこには各官庁の出先機関が配置されています。海外には大使館や領事館などの在外公館があります。各官庁と外務省との人事交流が盛んであることから、外務省に所属する人以外でも海外勤務の機会はあり、国家公務員が活躍する場は世界各地に及んでいます。

　国家公務員を目指すなら、個人や一企業の利益より、公共の福祉を何よりも優先させなければなりません。「思っていたのと違う」と後悔しないように、今から仕事内容と勤務体制をきちんと知っておきましょう。

知っておきたい用語ガイド

▶公務員

公務員は社会全体に奉仕するのが仕事であり、利益の追求が目的ではありません。国家公務員の職種は幅広く、東京都特別区（23区）の職員のほかに、裁判所職員、保育士、海上保安学校の学生も含まれます（Chapter1～2参照）。多彩な職種があるため採用方法はそれぞれ異なりますが、公務員の採用試験では、近年、共通して面接が重視されている傾向があります。国民全体の生活に密着した仕事を行うため、公務員は信頼できる人物でなければならないからでしょう。

以下、よくある質問にお答えします。

 **Q1. 手当は厚いけど給料は安いのでは？**

公務員の給料や手当は毎年、条例や法律などにより、民間準拠で決められています。どんな会社と比べるかにもよりますが、高くも低くも感じるでしょう。大企業と比べれば低いかもしれませんが、そんなに苦しい生活を強いるくらいでもない、という感じです。

 **Q2. 給料は安いけど残業もなく休めるし……**

公務員の賃金は法令によって決められており（P.46参照）、また職種によって異なります。賃金の多い少ないは比べ方で変わりますが、決して安くないでしょう。残業についても時期や部署によって異なります。

 **Q3. 採用試験では、筆記と面接、重視の差はあるのですか？**

最近は総合職、一般職ともに面接を重視するようになってきています。いわゆる「勉強」だけではなく、「社会人としての受けこたえができるかどうか」「一緒に働いていて気持ちのいい人物かどうか」を見ています。一番大切なのは、大きな声であいさつができることです。さわやかな第一印象を与えられるようにしましょう。

 MEMO ： **覚えておきたい社会人としてのマナー**

国家公務員の仕事は多岐にわたりますが、人と接する機会は多く、社会人としてのマナーは必ず身につけておきたいところです。窓口での対応、電話応対のほかにも、公文書など書類の作成を行う機会も多いため、適切な文章が書けなくてはなりません。職場の人にも、職場外の人にも信頼される公務員となるため、社会人としてのマナーをきちんと身につけておきましょう。

Chapter 0 知っておくべき基礎の基礎

国家公務員の仕事の範囲

- 公務員の仕事内容や組織体制は法令に基づいている
- 一般事務から企画や法令の立案など、仕事内容は幅広い

広大な公務員の仕事

　まず地方公務員（自治体職員）、国家公務員の仕事内容や組織体制は、基本的に法令に基づいていることを覚えておいてください。たとえば、国家公務員の定員は、「行政機関の職員の定員に関する法律」などの法令で決まっています。法令は、日々の生活に深く関わっていますから、公務員の仕事の範囲も広大な領域にまたがっており、仕事の数も山ほどあるのです。

　事務職を例にすると、電話対応や一般事務から、書類審査などの決まった流れとともに処理する業務、企画や法令の立案など、公務員の仕事内容は幅広いのです（P.28-29）。

　公務員とは、時には率先して、時には縁の下の力持ちとして国民のために生活・福祉の向上を目指していくプロデューサー的な存在であり、スペシャリストなのです。

知っておきたい用語ガイド

▶ **自治体**
自治体とは、都道府県や市町村全体を指します。地方公務員を自治体職員とも言います。県庁や市役所は自治体ではなく行政機関であり、街中や駅前にある市民サービスセンターなどを出先機関と言います。

▶ **法令**
法令とは、法律（国会が制定する法規範）と命令（行政機関が制定する法規範）のこと。地方公務員の場合、条例（都道府県で定めた決まり）・規則も含みます。

仕事の範囲と魅力

● やることは盛りだくさん

公務員の職域は多岐にわたります。たとえば、観光分野に限っても、PRから地域の名所や宿泊施設の整備、外国人観光客への対策など文系理系を問わずたくさんの仕事があります。参考として、P.23に国家公務員と地方公務員の組織図を掲載しています。きっとやりたい仕事があるはずです。

● 民間企業ではできないすき間を埋める

人件費削減や効率化のため、それまで自治体が行っていた分野に企業が入ってくるようになりました。しかし、採算が見込めず、企業ではできない分野があることも事実です。たとえば、福祉サービスがあげられます。こうした分野に公務員の能力や技量が試されます。

● 男女平等

公務員の世界はすべて男女平等です。仕事はもちろん、給与や昇任などあらゆる分野にあてはまります（警察・消防などでは女性ができない職務があります）。ですから女性は結婚・出産したら退職というようなことはありません。思いきって男性と同じように活躍できるのが魅力です。

● 自分のアイデアが活かされる

どんな仕事でも大切なのが達成感です。「世のため人のために役立つような仕事につきたい！」と熱意を持っている人も多いでしょう。そんなあなたの熱い思いやアイデアをぜひ活かしてください。必ずあなたの仕事ぶりを見て評価してくれる人がいます。

 MEMO : 2・6・2の法則

「2・6・2の法則」という言葉があります。これはどんな組織でも上位2割が仕事のできる人、真ん中の6割が平均的な人、下位の2割がやる気のない、能力の低い人で構成されているというものです。また「バーンアウト症候群」という言葉もあります。これはやる気満々で仕事に取りかかるも、思いのほか苦労して途中で折れてしまう(バーンアウト)というものです。公務員の仕事も山あり谷ありです。力を抜くというのも時には忘れずにしてください。

Chapter 0　知っておくべき基礎の基礎

国家公務員 知識チェックリスト

- まずは自分にどの程度、国家公務員に関する知識があるか把握しよう
- 最終的にすべての項目をチェックできるようにしよう

何を知っていて何を知らないかチェックする

　国家公務員を目指す人ならば、いろいろと業務内容や待遇などを調べている人も多いでしょう。とは言っても、意外と知らないことがあるものです。まずは自分がどの程度、国家公務員の仕事に関する知識や必要な情報を持っているのか次のチェックリストを使って把握しましょう。そして本書を読み進め、最終的にすべての項目にチェックができるようにしましょう。

CHECK　公務員について

- ☐ 国家公務員と地方公務員の違いについて知っているか？
- ☐ 国家公務員の職種について知っているか？
- ☐ 国家公務員の給与など待遇について知っているか？

➡ Chapter1をチェック

CHECK　国家公務員の仕事内容について

- ☐ 国家公務員にどんな職業があるのか知っているか？
- ☐ 諸外国の公務員について知っているか？

➡ Chapter2をチェック

| **CHECK** | 公務員の歴史について |

- ☐ 公務員ができた社会背景について知っているか？
- ☐ 日本の公務員制度に影響を与えた中国の制度を知っているか？
- ☐ 過去の公務員に関する社会的な事例を知っているか？
- ☐ 民営化した機関とその背景について理解しているか？

➡ Chapter3をチェック

| **CHECK** | 法律について |

- ☐ 地方公務員法について理解しているか？
- ☐ 国家公務員法について理解しているか？
- ☐ 国家公務員制度改革基本法・内閣人事局について把握しているか？

➡ Chapter4をチェック

| **CHECK** | 公務員試験について |

- ☐ 専門試験の出題傾向と対策ができているか？
- ☐ 教養試験の出題傾向と対策ができているか？
- ☐ 論文・作文の出題傾向と対策ができているか？

➡ Chapter5をチェック

| **CHECK** | 事務作業について |

- ☐ 公務員として日々の仕事に関わる時事問題を理解しているか？
- ☐ 公務員が作成する文書に関わる作業に問題ないか？
- ☐ 公務員が普段使う漢字とその意味を知っているか？
- ☐ 公務員の仕事の中で使う可能性がある英語が話せるか？

➡ Chapter6をチェック

Column 1

国家公務員も体力づくりが必要

　公務員というと事務処理が多いイメージですが、体力面も重要です。特に国家公務員の職業のなかには、自衛官や、海上保安官、皇宮護衛官などがあります。もちろん、これらの日常業務は、危険な場所での警備・保安業務。常に体力との勝負です。

　そのため、自衛官、海上保安官、皇宮護衛官などの採用試験では、身体検査や体力検査があります。たとえば下記の項目は皇宮護衛官の体力検査です。

	男子	女子
上体起こし（30秒間）	21回以上	21回以上
立ち幅跳び	205cm以上	147cm以上
反復横跳び（20秒間）	44回以上	37回以上

　そのほかに、身長の基準として男子160cm以上、女子148cm以上、体重の基準が男子48kg以上、女子41kg以上が必要です。

　採用試験突破のために、そして現場で活躍するために、筋力トレーニング（腕立て伏せやウエイトトレーニング）、持久力トレーニング（ランニングや水泳）などはやっておきたいところです。実際に自衛官、海上保安官、皇宮護衛官になったら、先輩から筋力トレーニングのやり方などを教わってコミュニケーションをとるのもいいでしょう。

Chapter 1

▶ 国家公務員の専門常識その1

公務員という仕事

意外と知らないことが多い公務員の職種と待遇。公務員について誤解が多いのも確かです。知っているようで知らない仕事内容と、給与や福利厚生について紹介します。

自分のやりたいことが実現できるように、どんな職種があるのか、どこへ転勤する可能性があるのかなどを、公務員になる前に調べておきましょう。

> **Chapter 1**　国家公務員の専門常識その1　公務員という仕事

公務員とは

- 公務員とはどのような職業なのかしっかりと理解しておく
- 現代の日本でどのような公務員が求められているのかも知っておく

すべて公務員は、全体の奉仕者

　公務員とはどのような職業でしょうか。すべてを簡単に語るのが日本国憲法第15条第2項「すべて公務員は、全体の奉仕者であって、一部の奉仕者ではない。」の言葉です。また、国家公務員法第96条にも「すべて職員は、国民全体の奉仕者として、公共の利益のために勤務し、且つ、職務の遂行に当つては、全力を挙げてこれに専念しなければならない」という記述があります。ここには公務員がどのような職業であり、また、国民や社会からどのような存在であるのか、というすべてが集約されています。たとえば、有力な政治家や巨大企業など、国や社会に対して影響力の大きいと思われる人物・組織に対して、その業務内容が左右されることなく、ただ実直に国民全体に奉仕することが求められているのです。公務員を目指すならば、まずこの言葉を覚えてください。公務員とは、国民の幸福の向上を目指すためになくてはならない職業なのです。

　わが国における公務員の位置づけがわかったところで、次に実際の公務員の職種や業務内容などを見ていきましょう。

知っておきたい用語ガイド

▶ **日本国憲法**
日本における国家の統治の基本を定めた法典。公務員の地位に関する法律は日本国憲法のほかに、国家公務員法と地方公務員法があります。

公務員の業務で社会の発展&自己実現を両立

公務員の業務のあり方は、下記の法律に記されています。

● 日本国憲法第15条
「すべて公務員は、全体の奉仕者であって、一部の奉仕者ではない。」

● 地方公務員法第30条
「すべて職員は、全体の奉仕者として公共の利益のために勤務し、且つ、職務の遂行に当っては、全力を挙げてこれに専念しなければならない。」

● 国家公務員法第96条
「すべて職員は、国民全体の奉仕者として、公共の利益のために勤務し、且つ、職務の遂行に当っては、全力を挙げてこれに専念しなければならない。」

公務員 → 全体への奉仕・公共の利益

- 社会の発展・国民生活の発展
- 自分自身の幸福・満足・やりがいを実現

人口千人に対する公的部門職員数の国際比較

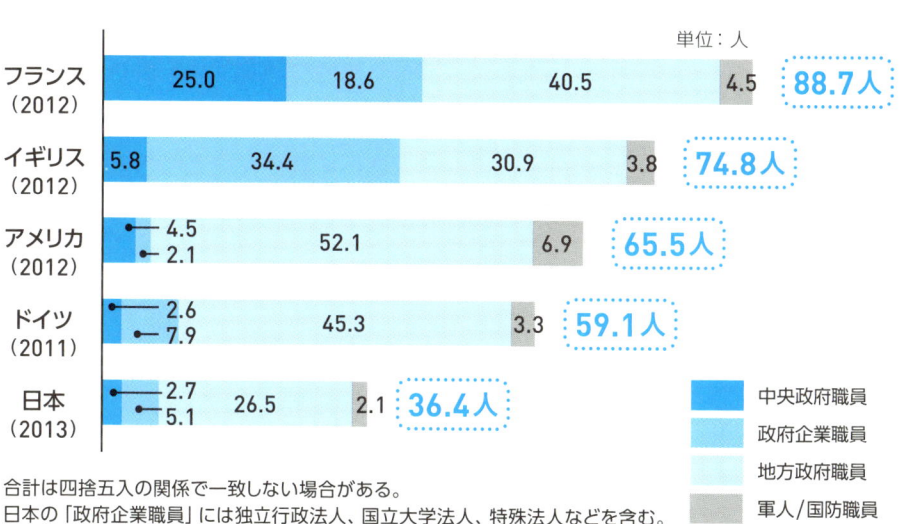

単位：人

国	中央政府職員	政府企業職員	地方政府職員	軍人/国防職員	合計
フランス（2012）	25.0	18.6	40.5	4.5	88.7人
イギリス（2012）	5.8	34.4	30.9	3.8	74.8人
アメリカ（2012）	4.5	2.1	52.1	6.9	65.5人
ドイツ（2011）	2.6	7.9	45.3	3.3	59.1人
日本（2013）	2.7	5.1	26.5	2.1	36.4人

合計は四捨五入の関係で一致しない場合がある。
日本の「政府企業職員」には独立行政法人、国立大学法人、特殊法人などを含む。
総務省資料をもとに作成。

Chapter 1　国家公務員の専門常識その1　公務員という仕事

国家公務員と地方公務員

- 公務員には国家公務員と地方公務員がある
- それぞれの特色・業務内容の違いなどをしっかり把握する

国会議員や自衛隊も国家公務員

　公務員は大きく分けると、国家公務員と地方公務員の2つがあります。2つの違いは、国家公務員が国の機関に所属するのに対し、地方公務員は地方自治体に所属するということです。

　国家公務員は、いわゆる「霞が関」で働く官僚のイメージがありますが、国会議員や総理大臣、海上保安官、自衛隊といった職種も、実は国家公務員に当たります。

　地方公務員は、県庁や市役所で勤務する人以外に公立学校の先生や市営バスの運転手、県立病院の看護師、ごみ回収車の人たち、警察官、消防官などが含まれます。こうして見てみると、地方公務員には私たちの暮らしに直接関わる人たちが多いことに気づきます。

　さあ、国家公務員と地方公務員についてさらに詳しく見ていきましょう。次のページで国家公務員と地方公務員の区分図と人数を紹介します。

知っておきたい用語ガイド

▶ **機関**
個人や団体がある目的のためにつくった組織のこと。

▶ **霞が関**
東京都千代田区にある一地区。さまざまな官庁があるために国家公務員の勤務地を指すときに、俗にこう呼ばれる。

国家公務員と地方公務員の区分

※総務省資料より作成。国家公務員の人数は平成25年度末予算定員。地方公務員の数は「平成25年地方公共団体定員管理調査」による一般職に属する人数。
※職員数は四捨五入の関係で合計数と一致しない場合がある。

Chapter 1　国家公務員の専門常識その1　公務員という仕事

一般職と特別職

● 国家公務員の一般職と特別職の違いについて知っておく
● 一般職と特別職の職種の内容を理解しておく

一般職と特別職の種類

　特別職に就くには、選挙で選ばれる必要があります。一般職は、特別職以外のすべての公務員です。

特別職

内閣総理大臣、国務大臣、副大臣、大使・公使、裁判官、裁判所職員、国会職員、防衛省職員など

一般職

特別職以外のすべての国家および地方公務員
教職員、消防職員、警察職員、単純労務職員など

知っておきたい用語ガイド

▶ **一般職・特別職**

企画立案をする総合職と事務処理を行う一般職とに区分されることが多いようです。採用試験ではこの区分で募集されます。また、衆参両院の国会議員を特別職に含めるかどうかについては、学説により2つに分かれています。現在では、国会議員を特別職とする学説が多数です。

▶ **政治任用職**

内閣総理大臣や各省庁の大臣（国務大臣）のように政治的にその職務が決められる人のこと。

▶ **三権分立**

権力の濫用を防ぐために、国家権力を立法・司法・行政の3つに独立分割したもの。民主主義の基礎と言われています。

国家公務員法が適用されるかどうかの違い

　公務員は国家公務員、地方公務員の2つに区分されるほかに、一般職・特別職という違いでも区分されています。国家公務員の特別職と一般職の違いは、国家公務員法が適用されるかどうかの違いです。特別職は内閣総理大臣、国務大臣（政治的任用職）・副大臣、大使・公使、裁判官、裁判所職員、自衛官を含む防衛省職員などです。これに対して一般職とは、特別職以外のすべての公務員を指します。

　公務員を2種類に分けている理由は「特別職の公務員が偉いから」ではありません。第一に特別職公務員が主に選挙で選ばれているため、試験で選ばれた一般職公務員と同じ法律では業務がしにくい点。第二は三権分立の観点から、行政府（官公庁）で働く公務員は人事院が、同様に司法府の公務員は司法府（裁判所）が、立法府（国会）の公務員は立法府がそれぞれ採用試験を行うことになっているからです。

採用情報などでは、よく国家一般職、国家総合職といった言葉を目にしますが、この国家総合職も上記の中では「一般職」に含まれます。この場合の総合職とは、事務職などの中の「一般職」「総合職」になります（P.28参照）。同じ言葉が出てきますが、混同してしまわないよう注意しましょう。

 MEMO ： ノーベル賞学者の国家公務員？

特別職国家公務員の中には学士院会員というものがあります。学士院は正式名称を日本学士院といい、人文科学および自然科学分野で顕著な功績のある学者や研究者のみが会員になれ、在籍できるのは大変名誉であるとされています。興味深いのはこの学士院会員は特別職国家公務員であることです。2014年にノーベル物理学賞を受賞した一人の赤崎勇さんもその顕著な業績により会員になっています。日本学士院には2015年1月現在143名の会員が在籍しています。

Chapter 1　国家公務員の専門常識その1　公務員という仕事

国家公務員の職種

● 国家公務員の職種にはどんなものがあるのか
● 多種多様な職種について知識と理解を持つ

霞が関から地方まで広範囲に動く

　一般職における国家公務員の職種は、内容別に事務職・技術職・専門職・資格免許職・公安職・技能労務職に分類されます。それぞれの職務の業務内容を知るにあたっては、まず各省庁や国家機関が受け持つ業務が広範囲にわたることを頭に入れておくとよいでしょう。

　国家公務員の職種は、窓口業務から霞が関の官庁街に勤めるいわゆる官僚、地方の出先機関での現場業務、海上保安庁や入国警備官などの分野で国民の生活に関わっています。また、すべての国家公務員が法律に基づいて仕事をする、というのが公務員の特徴です。

　なお公務員の職種は、現業・非現業という区分で示されることもあります。現在、行政改革が進んでおり、これまで公務員待遇であったものが非公務員化されるなど、現状はどんどん変わっていますので、応募の際は最新の情報をチェックしてください。

知っておきたい用語ガイド

▶ 現業・非現業

現業とは管理業務ではない現場での業務のうち権力を使わないもの。国家公務員の場合、技能労務職のほか、国立印刷局、造幣局、林野庁の職員などです。非現業はその反対で、一般の事務をとる国家公務員の大多数は非現業職であるといえます。

公務員の職種

事務職
資料づくりなど一般的な事務作業のほか、各省庁が行う関連機関、組織への指導も含みます。

- 総合職
  （事務職・技術職）
- 一般職

専門職
航空管制官、植物防疫官、国税査察官など専門的で高度な知識が必要な職種です。

- 税務職員
- 労働基準監督官
- 航空管制官　　など

技術職
専門知識・スキルを活かした職種。土木工学・建築・電気など理工系の業務内容が多くを占めます。

- 土木
- 農林業
- 化学　　など

公安職
自然災害や犯罪、外的勢力の侵入といった脅威から国民を守る職種です。職務上危険な現場へ赴く機会もあり、採用試験では体力検査などがある場合もあります。

- 海上保安官
- 公安調査官
- 皇宮護衛官　　など

資格免許職
医師免許や看護師免許、福祉関係の免許が代表的なものです。仕事によっては国家資格を取得もしくは取得見込みであることが採用条件になっているものがあります。

- 社会福祉士
- 獣医師
- 薬剤師　　など

技能労務職
守衛や、公営地下鉄・路面電車、バスの運転手、官公庁の所有する自動車運転手・整備士、自治体が所有する船舶・航空機の操縦士・整備士、庭師、清掃作業員など。

- 庁舎の電話交換手
- 庁舎の守衛　　など

MEMO　独立行政法人と特定独立行政法人

独立行政法人とは、国が直接運営するのではなく、個々に運営したほうが効率がよい、かつての国家機関だったものです。代表的なものが国立大学や国立の美術館・博物館、病院、研究所などです。これらの機関に勤務する職員は当然公務員ではありません。採用募集はそれぞれの独立行政法人で行いますので、注意してください。
独立行政法人のうち、特に国民生活や社会経済に深く関わるものとして特定独立行政法人があります。この職員は国家公務員になります。国立印刷局、造幣局、国立公文書館などが特定独立行政法人に該当します。

事務職

　一般職・総合職とも言います。世間一般の人が「公務員」と聞いてイメージするのがこの「事務職」でしょう。

　事務職は官公庁固有の事務と、そうでない事務の2つに大別できます。

　固有の事務というのは、その官公庁でなくてはできない事務、たとえば、外務省であれば外国政府との連絡や折衝、国土交通省であれば鉄道や航空会社などへの指導といった、それぞれの専門的な事務があります。

　2つめが総務的な、一般的な事務です。人事や会計、管理といった事務はどの官公庁であろうと必要です。地方自治体であれば総務部といった部署は、国家機関では大臣官房といった部署に集約されています。

　これに対して、各官公庁で固有の事務を担っている部署を原局や原課と呼んでいます。

■ 部署の違いによって分けられる事務職

総合職

企画や政策、法令の立案を主な仕事としています。いわゆるキャリアと呼ばれるエリート集団です。地方では上級職と呼ばれます。

・事務職 … 政策立案業務
・技術職 … 専門知識を活かした政策立案研究職や研究所勤務

一般職

個別のケースや事例を、法令などすでにできている枠組みにあてはめて処理していくのが主な仕事です。具体的には書類審査など決まった流れをもとに処理していきます。

・特定の分野での専門知識を活かした事務処理
・窓口業務
・地方運輸局での自動車検査・整備業務
・地方整備局での河川・道路の調査・企画・施行・管理業務

知っておきたい用語ガイド

▶ **大臣官房**

総務省の政策の企画・立案課程、法令案の作成過程で、総務省の進むべき方向を明らかにします。ほかにも、省内の事務が円滑に運営されるよう調整します。

事務職の主な仕事内容と特徴

　細やかな作業が多く、細部への注意力が適切な書類作成のために非常に重要となっています。

● 書類の審査

内容や書き方に、法令上の間違いはないか、抜け落ちた箇所や不備はないかなどをチェックします。イメージ通りの細かく地道な作業がメインとなります。

● 枠の中で最善を尽くす

事務職の多くは決められた枠の中で仕事を進めていきます。そのため前任者が行ったように自分も行うのが基本です。これ自体は大切なことですが、この点に関しては「お役所仕事」といった批判もあります。「決められた枠」を打ち破ろうと、現在さまざまな組織改革が進められているのもこうした理由があるからです。

● ミスをしない

事務職の仕事は一般的に減点主義です。つまり仕事を勝ち得るのではなく、ミスをしないことがポイントになります。この点が利益を求め新規分野を開拓する民間企業との大きな違いのひとつです。

国家公務員の適性

　国家公務員は国民全体の奉仕者という規定から民間企業よりいっそう厳しい義務や服務規定があります。以下に示しておきますのでしっかり頭に入れておいてください。これらの義務に違反すると懲戒処分の対象となります。

- 法令および上司の命令に従う義務
- 争議行為等の禁止
- 信用を失墜させるような行為の禁止
- 秘密を守る義務
- 職務に専念する義務
- 政治的行為の制限
- 私企業からの隔離、他の事業または事務への関与の制限

など

技術職

■現場での業務も大切な職種のひとつ

　事務作業のイメージが強い公務員ですが、実は技術職といった現場での業務も住民サービス向上のための大切な職種の一つです。すぐに頭に浮かぶのは、橋や道路を建設したり補修したりする人たちの姿かもしれません。

　建築土木以外にも技術職は多岐にわたった分野・業務があります。省庁によっても業務内容は大きく異なります。勤務地は本庁や各地の出先機関にも赴きます。現場のほかに、企画立案など事務職といった本庁職員と交じって働くことも多くあります。

　なお、地方公務員の技術職も業務内容はあまり変わりません。

土木

全国各地にある国土交通省の出先機関において、道路・河川・港湾・下水道・公園などの整備・企画立案・予算策定などを行います。会計検査院なら、公共事業費の検査といった技術系行政官としての業務もあります。

建築

耐震性能の向上や建築基準の普及、環境対策など、建築や都市計画に関わるさまざまな業務を行います。国土交通省や文部科学省をはじめ、対応する官公庁も多くあります。

水産業

水産に関する調査・研究・指導、漁場の保全・管理・整備などを行います。水産白書には「政府で決定し、国会に提出する報告書」という法律上の位置づけがあります。水産について広く国民に伝える重要な役割を持っています。

農林業

農林水産省において食の安全や農業技術の向上、営農指導など、林業分野では国有林の管理・保全など林業の振興をはかります。

化学

全国にある財務省の出先機関において、薬物や貨物などの各種化学検査、鑑定を行います。経済産業省や厚生労働省などで化学物質の管理に携わるなど幅広い業務を担います。

電気・電子・情報

総務省では新しい情報通信システムの構築など、国土交通省では航空・自動車・鉄道など各交通体系の情報関連の業務に関わります。また経済産業省での活躍も期待されます。

機械

国土交通省では運輸局などで各種車検や審査などの業務、また今後の交通体系、自動車の安全、環境対策など機械に関わる業務を行います。また警察庁で新たな情報通信システムや工学の開発などにも関わります。

■ 国家公務員でしか就任できない技術職

物理

気象庁に勤務し、気象・火山・地震など自然災害に関するあらゆる業務を行います。国家公務員ならではの技術職といえそうです。

情報

サイバーテロ対策など警察庁において犯罪捜査をバックアップする技術の開発や調査研究をする業務です。

専門職

　国家公務員の専門職は、その専門的知識や技能が求められるものです。仕事の性質上、個人が独立して行うことも多いのも特徴です。また警察官のような職務に従事して、危険な状況に直面することもあります。

　専門職と資格免許職は似通っていますが、違う点は資格免許職が特定の資格取得や取得見込みを採用応募条件としているのに対して、専門職は職務上求められる専門的知識は、採用後のトレーニングで身につければよく、学生時代に資格や単位を取得する必要がないという点です。

■ 主な専門職

法務省専門職員（人間科学）

少年院や少年鑑別所など刑事施設での鑑別・調査業務・生活指導業務・更生保護などを行います。

外務省専門職員

外交領事事務に従事する職員のうち、特定の地域、もしくは特定の分野に関わる高度な知識、語学能力を用いて業務に従事します。

財務専門官

財務局において主として国の予算・決算、国有財産の管理や処分、金融機関の検査・監督などを行います。

国税査察官

内国税（国内の物や人にかけられる税）に関する調査や検査、徴収に関する業務などに従事します。

税務職員

採用地域の税務署において国税の調査・徴収などの業務を行います。

食品衛生監視員

検疫所における食品衛生監視業務を行います。

労働基準監督官

厚生労働省に所属します。労働者が安心して働けるような職場環境を目指して、法定労働条件や安全・衛生の確保、改善にあたっています。

麻薬取締官

医師の指示に従って、患者の血液や尿、便、脳波などを検査する医療技術者。病気の原因を特定する検体検査や、脳波検査や心電図検査、患者の身体の表面や内部の器官からデータをとる生理学的検査（生体検査）などを行います。

航空管制官

国土交通省に所属します。航空機の安全な離着陸と航行を支援する管制業務を担います。

防衛省専門職員

主に語学と国際関係の2つに区分される防衛スペシャリストです。語学は諸外国との交渉や通訳など、国際関係は軍事情勢の収集・分析などにあたります。なお防衛省職員はすべて特別職公務員です。

専門職には複数の職種があります。それぞれの受験資格は大卒程度であったり、高卒程度であったりと、職種によりバラバラです。学生時代に資格などを取得する必要はありませんが、採用情報などは必ず確認しておきましょう。

 MEMO 国家公務員の人数は？

ある年の国家公務員の数は約64万人となっています。以前は100万人以上の国家公務員がいましたが、定員削減が進み、また日本郵政公社が民営化になるなどの理由から、人数が大幅に減少しました。一般職と特別職の割合は、約53％（一般職）と約47％（特別職）と、あまり偏りはありません。また、特別職はそのうち防衛省職員が大半を占めており、そのほかの職種の人数が多いわけではありません。

公安職

　自然災害や犯罪、外的勢力の侵入や侵略といった暮らしを脅かすことから国民を守るのが公安職です。公安職のうち、警察官と消防官は地方公務員。国家公務員の公安職には、**法務教官**、**自衛官や海上保安官**、**刑務官**、**入国警備官**、**皇宮護衛官**、**公安調査官**、**検察事務官**などが該当します。公安職の約7割を警察官と消防官が占めているため、公安職の大多数は地方公務員と言えます。

　公安職は公共の**安寧秩序**を守る職務上、捜査・逮捕のように危険な場所に行くので勤務時間も不規則で夜勤もあります。したがって、その分、給料が高くなっています。現場での危険な任務というイメージが強い公安職ですが、文書作成・パソコン操作といったデスクワークが多いことも頭に入れておいてください。

　公安職の多くは高校卒業程度の試験です。ただし年齢制限にかからなければ大学卒業者も受験できます。職務の性質上、体力検査や一定の**身体要件**がある職種も多いことを覚えておいてください。

知っておきたい用語ガイド

▶ 安寧秩序
国や社会など世の中が落ち着いていて、乱れていないこと。平和で不安がなく、秩序だっているという意味です。

▶ 身体要件
その職に就くために必要な身長や体重などの条件のことです。職種により、採用試験で身体測定が行われます。たとえば皇宮護衛官は、男子の場合、身長が160cm、女子の場合身長が148cmに満たない場合は、不合格になる、などです（ある年度の皇宮護衛官採用試験の場合）。

■ 国家公務員の公安職

入国警備官

不法入国者・不法滞在者の調査・摘発・収容などの業務を行います。法務省入国管理局に所属します。

海上保安官

海上保安庁に所属する海の警察官です。海上における犯罪予防、犯人捜査・逮捕、不法船取り締まりなど海上船舶交通に関する全般業務を行います。

公安調査官

公安調査庁に所属します。テロリズムなど公共の安全を脅かす諸団体・諸外国の情勢の分析・情報収集などを担います。情報関連のプロフェッショナルといえます。

刑務官

刑務所に勤務し、収容者に関する業務を行います。法務省矯正局に所属します。

皇宮護衛官

天皇および皇族の護衛や皇居・御所などの警備を担います。ご成婚や外国からの国賓などが皇居を訪問された時に儀礼服を身につけ、騎馬隊やサイドカーでパレードに参加するのも仕事のひとつです。東京・千代田区の皇居内が勤務地ですが、各地にある御用邸での勤務もあります。

■ 地方公務員の公安職

警察官

犯罪の予防・捜査、交通指導・取り締まり、少年非行の防止など地域住民の安全を守る大切な役割を担っています。勤務地は各自治体の警察署や交番です。職種は幅広く、地域によっては山岳警備や海上警察などの救助・レンジャー活動も行うほか、警察音楽隊といった広報やイベントPR、式典参加などさまざまなエリアや分野で活動します。

消防官

火災における消火活動はもちろんですが、救急・救助・レスキューなど人命救助活動も重要な業務です。警察官と同じく消防官も航空・海上・水上・山岳など幅広く活躍します。また震災など避難訓練や防火活動、消防団の育成のほか、警察と同じように消防音楽隊による広報・イベントPRや式典参加など多岐にわたる職種・活動があります。

資格免許職

　業務を行うにあたり既定の資格および免許が必要な職種です。取得あるいは取得見込みが応募条件になっていますので注意してください。

　公務員でいうところの資格免許職は主に**福祉・医療・教育系**がほとんどですが、国が所有する**船舶・飛行機の操縦士・整備士**も含まれる場合もあります。このうち福祉・医療・教育系の職種は、採用募集の大半が地方公務員枠になります。特に介護などの福祉系職は、国立障害者リハビリテーションセンターや国立児童自立支援施設などごくわずかで、欠員募集が通常ですので狭き門であることは承知しておいてください。

主な資格免許職

- **社会福祉士**
  高齢者・障がい者・児童など福祉施設で介護など業務を行います。超高齢化社会を迎えている現在、多くの支援が求められている職種です。

- **精神保健福祉士**
  こころの病を負った精神障がい者などへの社会復帰や社会参加などの支援を行います。

- **獣医師**
  国家公務員としての採用があるのは、厚生労働省と農林水産省の2省。職場は本省のほかに、全国の空港や港に設置された検疫所や動物検疫所など。

- **心理判定員**
  児童相談所や知的障がい者更生相談所、発達障害支援センターなどで、心理判定業務に携わる。

- **薬剤師**
  国家公務員として採用された場合には、国立病院や国立研究所の職員を除き、国が運営する薬事法に関係する仕事などが主体となります。

技能労務職

　技能労務職は、庁舎・事務所などオフィスではなく、現場で仕事をする業務のうち、権力を行使しない業務を指します。国家公務員の技能労務職は**宮内庁**をはじめ、**本省庁の守衛や自動車運転手・自動車整備**が主な仕事です。**林野庁での国有林保全業務**に従事する職種もあります。

　毎年必ず採用があるわけではなく、あっても地方公務員に比べて格段に募集人員が少ないのが現状です。また行政改革のあおりで、経費削減のため技能労務職自体も見直す流れも強まっています。

主な技能労務職

- 庁舎の電話交換手
- 庁舎の守衛
- 官公庁が所有する自動車の運転手・整備・管理、庭師

など

MEMO　技能労務職の見直し

支出削減のため民間委託が進む

行政改革の流れの中、少しでも支出を減らそうと技能労務職を民間に委託する自治体が続出しています。そのため技能労務職の採用は年々減少しているというのが実情です。公共交通機関やごみ回収など、行政が担当するか民間が担当するかは難しい問題です。国家公務員の技能労務職に関しても地方公務員の技能労務職に関しても、国民に対するサービスの低下につながらないよう公務員を目指す人は真剣に考えておいてください。

> **Chapter 1** 国家公務員の専門常識その1　公務員という仕事

国際的な場で活躍する公務員

- 国際的に活躍する公務員の職業を知る
- 世界のために、日本を代表して働く国家公務員の存在を認識する

日本人の誇りを持ち世界各国で世界のために働く

　国際連合（国連）などの国際機関に勤務する職員を**国際公務員**と呼びます。職種としては事務職のほか、開発途上国に技術指導を行う技術協力専門家や、医療、保健、金融といった各分野のスペシャリストが挙げられます。いずれの職種でも、**語学力は必須**。職務が遂行できるレベルの**英語またはフランス語**の能力が求められます。

　国際公務員の採用については選考方法が複数あり、かつ不定期であることが多いため、**外務省国際機関人事センター**に問い合わせたり、希望する機関のウェブサイトを随時チェックするなど、自ら情報収集に動くことが最善の方法です。また、国の各省庁の職員が出向で国際公務員に一定期間、派遣されることもあります。

知っておきたい用語ガイド

▶ **国連公用語**
英語、フランス語、ロシア語、中国語、スペイン語、アラビア語の6言語。国際機関で働くためにはまず、職務遂行が可能なレベルの英語力が必須です。さらに、ほかの国連公用語ができると、選考上有利に働くことがあります。

▶ **外務省
　国際機関人事センター**
国際機関での日本人職員採用の支援を行っています。ウェブサイト上では各機関の求人情報やインターンシップ情報などが随時、更新されています。各機関に関する資料や国連日本人スタッフのインタビューなども閲覧できます。

国際連合職員

所属機関：国際連合

▶グローバルな視点で働く国際公務員

　国際連合（国連）は、1945年に設立された機関で、**国際的な平和と安全の維持、国家間の友好関係の構築、社会発展、生活水準の向上および人権の推進を任務としています**。192ヵ国が加盟（2014年現在）しており、組織は総会、経済社会理事会、事務局、安全保障理事会、信託統治理事会、国際司法裁判所が柱になっており、さらに専門機関として国際労働機関（ILO）、国連教育科学文化機関（UNESCO）、世界保健機関（WHO）などがあります。国連の職員は国際公務員であり、担当する仕事は開発途上国への技術援助、難民救済、教育の普及などとなっています。

主な業務

極度の貧困の撲滅、普遍的な初等教育の達成、ジェンダーの平等の推進と女性の地位向上、幼児死亡率の引き下げ、妊産婦の健康状態の改善、HIV／エイズ、マラリア、その他の疾病のまん延防止、環境の持続可能性の確保、開発のためのグローバル・パートナーシップの構築、これら8つの目標のための業務を遂行

国内にある国連諸機関（一部）

- 国際連合食糧農業機関
- 国際原子力機関
- 国際連合アジア太平洋統計研修所
- 国際連合地域開発センター
- 国際連合人間居住計画
- 国際連合
- 世界保健機関（P.40参照）
- 世界知的所有権機関

など

採用情報

6つの国連公用語が話せることが必須。外務省が派遣する制度「アソシエートエキスパート」や若手職員を募集する「国連競争試験」など、職員になるための道は複数、開かれています。

世界保健機関（WHO）

所属機関：国際連合

▶ 国境を越えて世界の人々の健康を守る

　世界保健機関（WHO）は、「全ての人々が可能な最高の健康水準に到達すること」を目的として設立された国連の専門機関。1948年4月7日の設立以来、全世界の人々の健康を守るために広範な活動を行っています。現在の加盟国は194カ国（2015年調査時現在）で、日本は1951年（昭和26年）5月に加盟しました。以後、WHO総会などに積極的に参加し、世界の保健に関する課題解決にも貢献をしています。移動手段や生活環境の進化とともに、人々の健康は新たな脅威にさらされることもある現在、WHOの役割は重要度を増しているといえます。働くためには、まず国連の職員として採用されることが前提です。

主な業務

医学情報の総合調整、国際保健事業の指導的かつ調整機関としての活動、保健事業の強化についての世界各国への技術協力、感染症およびその他の疾病の撲滅事業の促進、保健分野における研究の促進・指導、生物学的製剤および類似の医薬品、食品に関する国際的基準の発展・向上

採用情報

国連事務局の求人は、ウェブサイト「UN Careers」で公表されており、年齢や資格等の条件を満たしていれば応募することが可能です。また、若手の採用試験「ヤング・プロフェッショナル・プログラム（YPP）」など、国連職員になる門戸は複数、開かれていますが、WHOに配属されるとは限りません。

国際通貨基金（IMF）

所属機関：国際通貨基金

▶国際通貨制度の安定性を確保する職務

　国際通貨基金（IMF）は、1944年の国際連合の会議で設立が提案され、発足しました。以来、国際金融の安定性の確保や国際貿易の促進、雇用水準と経済成長の促進、貧困削減などに取り組んでいます。IMF専門職員は、国際的な視点で加盟国の経済や金融状況の分析などを行い、国際経済の安定化を図るための職務に従事する専門家です。現在、加盟国184カ国のうち113カ国以上の国々から約2200名の職員を採用しています（2015年調査時現在）。本部はワシントンD.Cにあり、職員の大半が勤務していますが、パリ、ジュネーブ、東京、国連にも事務所を設置しています。

> 主な業務

- **サーベイランス**
  国際通貨制度の安定の維持および危機の防止に向け、各国の政策や、国・地域、世界的な経済・金融の状況をサーベイランス（政策監視）と呼ばれるシステムを活用して分析・報告する

- **金融支援**
  加盟国が国際収支上の問題を是正できる余地を持てるよう金融支援をする

採用情報
IMFは優秀な日本人スタッフを積極的に募集しています。職員の中でもっとも大きな割合を占めるのは、加盟国の経済開発や経済政策に関する業務などを行うエコノミスト職ですが、それ以外の専門職も募集しています。ただし、英語が標準語であり、高い英会話能力と読解力が必要になります。年齢やキャリアなどの諸条件もあります。

独立行政法人
国際協力機構（JICA）

所属機関：国際協力機構
（JICA）

▶開発途上国の発展や貧困削減に尽力

　JICAは日本の政府開発援助（ODA）の実施機関として、開発途上国への国際協力を行っています。**開発途上国が直面する多様な課題の解決に取り組み、途上国の人材育成や能力開発などによる貧困削減、安全の保障の実現といった業務**がJICA職員の仕事です。具体的には、国内の有識者、途上国政府、援助機関といった立場の異なる関係者をまとめながら、国際協力の事業計画を立案し、成果を達成すべく推進していく役割です。独立行政法人のため、労働環境や勤務条件は法律ではなく独自に決定されており、みなし公務員という身分となります。

主な業務

- **マネジメント職**
  支援対象国の現状やニーズの的確な把握、有識者とともに行う問題解決の最善策の構想、具体的な支援の実施など、一つのプロジェクトで重要な責務を遂行する

- **スペシャリスト職**
  教育、保健・医療、水資源・防災、ガバナンス、平和構築といった各分野で専門的な知識やスキルを有し、外部への提案や創造的な知識の発信を通じて、当該分野における支援対象国への適切な援助を主導する

採用情報
新卒は、採用活動年度の4月から翌年3月に短期大学、大学、大学院（修士・博士）のいずれかの課程を卒業、修了または同見込みが必須。入構後1年以内にTOEIC800点、3年以内に同860点を取得することが求められます。社会人は企業や法人等における職務経験、または国際協力に関連する実務経験等が必要となります。

独立行政法人 日本貿易振興機構（JETRO）

所属機関：日本貿易振興機構（JETRO）

▶貿易等を通じて日本の経済の発展に貢献

　JETROは2003年10月、日本貿易振興機構法に基づき、前身の日本貿易振興会を引き継いで設立されました。時代のニーズに対応し、日本企業の海外展開支援や対日投資の促進、通商政策への貢献といった質の高いサービスを機動的かつ効率的に提供しています。日本国内はもちろん、インド、シンガポール、スリランカ、中国、ベトナム、アメリカ、ペルー、コロンビア、スイス、デンマークなど世界各地の事務所に職員が勤務し、日本の貿易の振興に関する事業、開発途上国・地域に関する研究を幅広く実施しています。

主な業務

- **日本企業の海外展開支援**
  輸出販路開拓、海外進出先での支援、海外ビジネス情報の提供など、中小企業を中心とする海外ビジネスの支援

- **対日投資の促進**
  海外企業への日本進出の働きかけなど、海外企業が日本での拠点設立をスムーズにするための活動

- **通商政策への貢献**
  各国・地域の経済、貿易投資、産業動向、法制度情報などの調査・分析・提供

採用情報
新卒採用のほか、社会人採用、アドバイザー・専門家の採用などを行っています。過去の新卒総合職の採用例では、3月中旬までエントリー、採用説明会、適性試験およびエントリーシート提出、4月上旬に一次面接、二次面接、筆記試験が行われ、4月中旬に最終面接を実施（2014年度）。

Chapter 1　国家公務員の専門常識その1　公務員という仕事

公務員の待遇

- 国家公務員の給与体系や昇給について頭に入れておく
- 昇進、異動、出向、福利厚生など人生設計で大切な事柄について理解する

安定&充実の待遇はやっぱり魅力

　国家公務員の給与（俸給）・勤務時間・休日などの待遇は法律によって決められており、俸給表などとともにすべて公開されています。また、俸給額などは人事院勧告によって透明性と公正性がとられるようになっています。給与は毎年少しずつ上昇し（定期昇給）、民間と違って安定しています。このことも国家公務員が人気な理由のひとつでしょう。

　休日に関しても完全週休2日制が徹底され、民間より休める日数は多くなっています。共済や年金など他の福利厚生も民間よりも手厚いといえます。

　昇進に関しては、総合職と一般職では初任給から昇進のスピードなどで格段に違いがあります。また、異動や出向に関しても採用時の職種により大幅に違います。

知っておきたい用語ガイド

▶ **俸給（給与）**
俸給は給料＋手当と考えてください。給料は民間でいう基本給・本給にあたります。

▶ **人事院勧告**
人事院が出す勧告のことです。内容は国家公務員の給与が民間の給与に比べて妥当なものになるよう是正措置を記したものです。また地方公務員の給与も人事院勧告に合わせて調整がとられるようになっています。

俸給表→P.46参照　　　　異動・出向→P.50参照

俸給

俸給額は法律で決められていますので、支給額はすべて俸給表（次ページに説明）で調べられます。総額は一般行政職（事務職）でも勤務内容や勤務地で変わってきます。ここでは行政職の初任給およびモデル賃金を提示しました。なお、人事院のホームページには行政以外の専門職や公安職などの俸給についての情報が記載されていますので、ぜひ目を通してください。

国家公務員の採用時の給与
（平成26年4月1日現在）

（単位 円）

区分	俸給
総合職（院卒）	205,400
総合職（大卒）	181,200
一般職（大卒）	174,200
一般職（高卒）	141,200

職種別 勤続年数別の給料額

ここではケースごとのモデル賃金を紹介します。東日本大震災などの震災が起きたり、経済状況が悪くなったりすると、国家公務員の給与減額措置がとられることがあります。その措置が施行される期間は、社会的影響力の大きさによって変わりますが、数年かかることもあります。ここではある年の減額措置時の金額と措置前の金額両方を提示しておきます。

（単位 万円）

モデル人物像	減額措置前	減額措置後
係員・25歳・独身	292.7	298.5
係長・35歳・配偶者・子1人	468.2	475.0
地方機関課長・50歳・配偶者・子2人	704.0	711.9
本府省課長・45歳・配偶者・子2人	1187.0	1,200.7

出典：平成26年人事院発表資料を基に作成

昇給について

　ここでは前ページでふれた俸給表について簡単に説明します。昇給は**俸給表に従います**。この表は事務職（一般行政職）のものですが、職種によって適用される俸給表が異なります。ただ技術職は事務職の俸給表を適用するところが多いです。

　表の見方ですが、まず横列は職務の級を表します。職務の責任、困難さの度合いを示しています。縦列を号俸と呼び、それぞれの級内での経験・評価などを示しています。

　行政（事務）職（高卒）・新人の場合、だいたい1級5号俸ですので、表の横1級と縦5号が交わるところの14万100円が初任給ということになります。公務員では3級から4級（例えば主任から係長）に昇級することを**昇格**、5号給から9号給へ数字が増えることを**昇給**と呼びます。昇給は通例、1年に4号給程度増えます。なお、社会人から中途採用の場合、経験や資格免許などによって大きめの号給からスタートすることも多くあります。

俸給表

（級の数が増えるのが昇格）

（単位 円）

（号給の数が増えるのが昇給）

号給（号俸）＼職務の級	1級	2級	3級	10級まで
1	135,600	185,800	222,900	……
2	136,700	187,600	224,800	……
3	137,900	189,400	226,700	……
4	139,000	191,200	228,500	……
5	140,100	192,800	230,200	……
6	141,200	194,600	232,100	……
7	142,300	196,400	234,000	……
8	143,400	198,200	235,800	……
︙	︙	︙	︙	
	最高93号俸まで	最高125号俸まで	最高113号俸まで	

通常、行政（事務）職高卒の初任給の場合が多い。

※人事院資料より作成

手当

　公務員の賃金の魅力に、充実した手当があげられます。手当の種類は自治体によって異なりますので、受験する自治体ホームページの募集要項で確認してください。

主な手当

- **住居手当**
  借家・借間に居住する職員に一定額を支給。自宅居住の職員に支給する場合もあります。

- **扶養手当**
  配偶者など扶養家族のある職員に支給。いわゆるボーナスです。

- **夜勤手当**
  正規勤務として深夜に勤務した職員に支給。

- **通勤手当**
  交通機関を通勤利用する職員に上限額を定め支給。

- **休日手当**
  休日出勤した場合に支給。

- **勤勉手当**
  勤務成績に応じて支給。

- **特殊勤務手当**
  著しく危険、不快、不健康な勤務に従事した場合に支給。

国家公務員か地方公務員か?

　給与額で見た場合、国家公務員と地方公務員ではどちらの支給額が多いのでしょうか。実は地方公務員のほうが多い金額をもらっています。ただし、これは都道府県・市に限ったことで、町村職員は国家公務員を下回ることも多くあります。両者の給与を比較する際には、ラスパイレス指数が使われます。これは自治体の職員構成が、学歴・経験年齢ともに国と同じであると仮定して算出した数値で、国を100としたときにこれより小さければ給与額が低く、大きければ高いと評価するものです。

勤務時間

　国家公務員の労働時間はすべて法律により1週間あたり38時間45分と決められており、1日あたり7時間45分となっています。一般的には午前8時30分始業、午後5時15分終業ですが、業務上の都合や時差出勤、子育てなどの理由で、たとえば午前10時30分に出勤し、午後2時から3時まで休憩、午後7時15分に退勤といった勤務も認められています。1時間多いのは無給の休憩時間を含まなければならないと定められているからです。いわゆるお昼休みです。

　公安職では、事務職と同じように定時出勤する場合、夜勤を含む変則的な勤務体制になります。そのときには夜勤手当など各種手当が支給されます。研究業務を行う職員は勤務時間を柔軟に割り振るフレックスタイム制が適用されています。

休日

　国家公務員はすべて完全週休2日制です。年次有給休暇（有休）が1年間に20日あります。また使い切らなかった有休は翌年に持ち越せます。ただし、次の年に更新する場合は、失効するタイミングに気をつけてください。有休の更新日は4月1日ではなく1月1日です。4月に就職して1日も有休を使わなかった場合、次の1月1日に新たに20日間取得して、合計40日間の有休を持っていることになります。つまり注意するのは、2年目の12月末。1年目で使わなかった日数分は、失効してしまうのです。

　ほかにも特別休暇、病気休暇、介護休暇、ボランティア休暇、特別休暇などがあります。有給休暇の取得率をみても、一般的に民間企業より休みがとりやすい職場環境だといえるでしょう。

主な休暇

- **有給休暇**
  1年に20日間ある。

- **ボランティア休暇**
  災害ボランティアなどで業務を休むとき申請する。

- **介護休暇**
  家族などにつきっきりの介護が必要なときに申請する。

- **特別休暇**
  研修や結婚、忌引きなどで申請する。

- **病気休暇**
  勤務することが不可能、または困難な疾病や負傷をしたときに申請する。

定年・退職金

　国家公務員の定年年齢は原則60歳です。これは特別職や臨時職員などには適用されません。医師は65歳、技能労務職は63歳となっています。また懲戒処分などを受けない限り定年まで勤めることができます。退職金は勤続年数・退職理由の別によって支給されます。

残業

　残業の規定に関しては部署で異なりますが、総合職の方が一般職より多めなようです。部署によっては、予算編成時、災害発生時など事情により残業になるところもあるようです。民間企業より残業が少ないというイメージですが、省庁の本省勤務の場合、残業は当たり前というところもありますので一概に比較はできません。
　人事院では「超過勤務縮減に関する指針（平成21年2月改定）」というものを作成して残業削減への取り組みを行っています。

昇進・異動

■昇進

　国家公務員の場合、格づけによって初任給から違いが出ます。一般職（高卒）採用者は1級のはじめ、一般職（大卒）になると1級の途中から、総合職では2級からスタートになります（P.46「俸給表」参照）。このことからも採用職種によって格差が歴然としています。

　その昇進は人事院の定めた基準によっています。総合職職員であれば本省の3級（係長クラス）になるのに採用から4年、課長になるには採用から約10年かかると言われています。一般職（大卒）職員が2級になるのに3年かかるので、意欲的に仕事をしたい人はがんばって総合職に挑戦してみるのもよいでしょう。実際の運用は各省庁の慣例などで決まってくるので昇任・昇格のスピードはまちまちです。

　総合職職員でも課長級には、ほぼ全員が昇任できるようになっていますが、それ以降はポスト（籍）が少ないため、し烈な競争になります。

50代後半　事務次官
50代半ば　局長・官房長・外局の長官
50代前半　局次長・部長
40代半ば〜40代後半　課長
30代半ば〜40代前半　課長補佐
20代半ば〜30代前半　係長
係員

公務員では昇進に関わる言葉が3つあります。それぞれ意味が違うので頭に入れておきましょう。

- **昇任**
  現在の職から上位の職につくことです。たとえば、係長から課長補佐になることを指します。

- **昇級（昇格）**
  俸給表において現在の級を上位の級にすることです（P.47参照）。

- **昇給**
  職務の級は同じまま給与だけが上がることです。定期昇給ともいいます。たとえば5号給から9号給になることです（P.46参照）。

■ 異動

現在ついている職務（ポスト）から別のところに替わることを異動や配置転換と呼びます。これは、なれ合いや癒着を防ぎ組織の活性化を図るために使われます。いわゆる上級・大卒で採用された場合、将来の幹部候補ということで、あらゆる職場を経験させ見聞を広げるために2～3年で異動を繰り返すことがあります。

■ 出向・転勤

出向とは官公庁間の異動のことです。地方自治体に配属になることもあります。出向期間も総合職職員が2年ほどで異動を繰り返すのに対し、一般職職員は専門性を高めるために一つの職場に長く在籍することが多い傾向にあります。

転勤は国家公務員にもあります。全国各道府県にある各省庁の出先機関への勤務が代表例です。外務省など省庁によっては海外勤務も発生します。

福利厚生

公務員には福利厚生制度が豊富に整備されており、それが人気の理由にもなっています。独身寮や家族寮、職員住宅はもちろん、**テニスコートなど運動施設、海の家など娯楽施設もあります。**現在では民間のスポーツジム、温泉旅館、自然の家などと提携し職員と家族が格安で利用できるようになっています。

自治体の福利厚生制度

住宅制度	独身寮 家族寮 職員住宅
福利厚生施設 (運動施設)	テニスコート グラウンド プール スポーツジムなど
福利厚生施設 (娯楽施設)	海・山の家 ホテルや温泉旅館 遊園地 テーマパーク

共済組合・年金

公務員には共済組合というものがあります。これは民間の健康保険と厚生年金を足したものと考えてください。公務員は法律に基づいて全員が必ず何らかの共済組合に加入することが決められています。これにより毎月の給与から掛け金が天引きされるシステムをとっています。国家公務員では**国家公務員共済組合連合会(KKR)**があります。上記で説明した各種福利厚生施設の利用は、共済組合に申請し一定の金額が支給されるかたちになっています。

また健康管理体制も充実しているのが魅力です。共済指定の病院・診療所ならばほとんど無料で診療してもらえるところもあります。

共済組合の主な事業

短期給付事業	組合員や家族の病気、けが、休養、災害など不測の出費に対して支給
長期給付事業	退職後の生活の安定(民間でいう年金のこと)
福祉事業	病院・保養所の利用、生活物資の斡旋など
結婚・出産の祝い金の支給	
親睦会・スポーツ大会など	

研修

採用後必ずあるのが新人研修です。 人手不足気味の職場を支えるため、各省庁では一人ひとりのスキルを上げようと、こぞって力を入れています。

職員研修の種類

- **集合研修**
  人事院公務員研修所で実施。本府省の職員を対象にして初任行政研修（5週間、約450名）、3年目フォローアップ研修（4日間、約520名）、課長補佐級（3日間、約370名）など、係員級から局長級までの研修を実施

- **派遣研修**
  行政課題の国際化および複雑・高度化に対応できる人材を育成するために、国内外の大学院（修士・博士課程）、外国の政府機関や国際機関等へ各府省の職員を派遣

- **職場研修**
  職場ごとで実施するOJT（オン・ザ・ジョブ・トレーニング）。そのほか、国税専門官として新規採用された職員を対象に実施している、税務大学校での税法科目や簿記会計学の研修など

※OJT……実際の業務をしながら、上司などから仕事のやりかたを教わる方法

クラブ・サークル活動

公務員ならではの充実したクラブ・サークル活動がどこも盛んです。**日々のストレス発散にもなりますし職務能力アップにもつながります。**

主なクラブ・サークル活動

- **スポーツ系**
  野球、サッカー、テニス、登山など

- **文化・芸術系**
  絵画、写真、音楽、英会話、生け花、茶道、囲碁・将棋、各種勉強会など

1 国家公務員の専門常識その1 公務員という仕事

公務員という仕事
理解度チェック問題

問1　以下の文章は公務員の性質について述べたものです。正しければ○、間違っていれば×を記しなさい

❶ すべての公務員は日本の憲法を遵守しなければならない。

❷ 「すべての公務員は、全体の奉仕者であって、一部の奉仕者ではない。」は、国家公務員法の抜粋である。

❸ 国家公務員、地方公務員を問わず、その業務の根拠はすべて法律や条例に従っている。

❹ 国家公務員の定員数は、法律や条例で決まっているわけではなく、国会が決めている。

問2　以下の文章を説明する語句を書きなさい

❶ 権力の濫用を防ぐため、司法・立法・行政の3つの権力を相互に独立する機関にゆだねるやり方。

❷ 公務員における特別職以外の職務にあたる職員の名称。

❸ 国家公務員のうち、航空管制官や入国警備官など専門的知識を活かした職種の名称。

❹ 公務員のうち、国民生活の安全や公共の秩序を守るための職務を行う職種の名称。

答え

問1 ❶ ○　❷ ×（日本国憲法第15条の抜粋である）　❸ ○　❹ ×（国家公務員の定員は「行政機関の職員の定員に関する法律」で決められている）

問2 ❶ 三権分立　❷ 一般職　❸ 専門職　❹ 公安職

問3 以下の文章は公務員に関するものです。
正しければ○、間違っていれば×を記しなさい

❶ 警察官や消防官は地方公務員だが、自衛官は国家公務員である。

❷ 内閣総理大臣は公務員にはあたらない。

❸ 一般の事務を行う職員は現業ではない。

❹ 国家公務員の昇進は完全に能力評価である。

❺ 独立行政法人の職員は公務員である。

❻ 航空管制官は国土交通省に所属する職業である。

❼ 国家公務員は総合職・一般職に区分される。

❽ 労働基準監督官は総務省に所属する職業である。

❾ 公安職には身体要件の必要な職種があるので、誰もが採用されるとは限らない。

❿ 技術職や公安職は事務作業がなく、現場での業務のみが課せられる。

⓫ IMFとは、国際通貨基金のことである。

⓬ JICAと略される、国際機関の正式名称は独立法人日本貿易振興機構である。

⓭ 国際連合（国連）は、1946年（昭和21年）に設立された機関である。

答え

問3 ❶○ ❷×（内閣総理大臣は、特別職の国家公務員にあたる） ❸○ ❹×（人事院が定めた基準による） ❺×（ただし独立行政法人への出向はある） ❻○ ❼○ ❽×（厚生労働省に所属する） ❾○ ❿×（文書作成する機会も多い） ⓫○ ⓬×（独立法人国際協力機構） ⓭×（1946年（昭和21年）に設立）

問 4 以下の文章は国家公務員の待遇についてのものです。正しければ○、間違っていれば×を記しなさい

❶ 給与（俸給）と給料の語句は同じ意味である。

❷ 俸給表の、級の数が増えることが昇給にあたる。

❸ 俸給表の、号給の数が増えることが昇格にあたる。

❹ 出向とは、官公庁間の異動のことを指す。

❺ 女性職員も転勤や異動がある。

❻ 賃金に男女差がある。

❼ 国家公務員の定年年齢は原則60歳である。

❽ 事務職、技術職、公安職を問わず、国家公務員の職種はすべて年齢により同一賃金、同一額である。

❾ 地方公務員と同じく、国家公務員にも住居手当が付与されており、借家・借間に居住する職員に一定額が支給される。

❿ 俸給額は各省庁の大臣が決める。

⓫ 俸給表などとともにすべて公開されている。

⓬ 国家公務員と地方公務員の給与支給額を比較する際には、ラスパイレス指数を使用する。

答え

問4 ❶ ×（俸給は給料＋手当のこと） ❷ ×（昇格にあたる） ❸ ×（昇給にあたる） ❹ ○ ❺ ○ ❻ ×（ない） ❼ ○ ❽ ×（職種によって適用される俸給表が異なる） ❾ ○ ❿ ×（人事院勧告によって定められている） ⓫ ○ ⓬ ○

問5 以下の文章は国家公務員になるうえでの心構えに関するものです。正しければ○、間違っていれば×を記しなさい

❶ 公務員は国民や地域の住民全体に対して奉仕する存在であり、特定の地位や職務を利用して、いかなる特定の個人や団体の意向を受けて有利になるようにとりはからってはならない。

❷ 公務員は国民のために働くのであり、常に使命感を持つようにする必要がある。

❸ 公務員は常に中立・公平でなくてもよい。

問6 以下は公務員に関する文章です。該当する語句を下記から選びなさい

❶ 組合員の病気療養や家族の結婚などに際し、金銭を支給し、手厚い福利厚生をサポートする。

❷ 海上保安官・皇宮警察官の職種。

❸ 中央省庁において人事・総務的な事務仕事を集約した部署の呼称。

❹ 司法・立法・行政の3つの権力を分散させる統治のあり方。

❺ 裁判所職員や国会職員のような国家公務員法を適用されない職種。

| 公安職 | 資格免許職 | 命令 | 官房 | 共済組合 |
| 特別職 | 原局 | 年金 | 三権分立 | 専門職 | 一般職 |

答え

問5 ❶○ ❷○ ❸× 問6 ❶共済組合 ❷公安職 ❸官房 ❹三権分立 ❺一般職

Column 2

留学制度の魅力と注意点

　国家公務員は公費で留学できるという制度があります。たとえば、外務省に総合職（旧Ⅰ種）で入省すれば海外研修がありますし、多くの省でも選抜審査に通過すると留学への道が開けます。この留学制度を自身のキャリアアップととらえる国家公務員志望者も多いのではないでしょうか。

　さて、その留学費用はどこから出てくるのでしょうか。そう、税金でまかなわれているのです。その事実を忘れてはいけません。公費で留学する以上、留学先で得た経験は国家公務員としての公務で活かし、社会に還元していく責務があるのです。税金の無駄づかいを防止するため、「国家公務員の留学費用の償還に関する法律」が2006年（平成18年）に成立し、下記のように公表されています。

　国家公務員が留学中又はその終了後5年以内に離職した場合、国家公務員の留学費用の償還に関する法律に基づき、留学費用相当額の全部又は一部を償還しなければならないこととされています。

　上記内容については、実際に適用されたケースもあります。人事院の発表によれば、留学費用償還の制度が創設された2006年（平成18年）6月19日から2013年（平成25年）末までに、留学者3,030人中83人が償還義務を負ったそうです。もしあなたが留学を希望しているなら、留学した成果をその後の業務にどう役立てたいか、を明確にして留学に臨みましょう。

Chapter 2

▶ 国家公務員の専門常識その2

国家公務員の仕事内容

国家公務員の全体像がつかめたところで、次は具体的な仕事を見ていきます。ここでは国家系、経済系、法律系、公安系とそのほかに分けてご紹介します。また、諸外国の公務員についても知っておきましょう。

> ここで紹介する国家公務員に該当する職業は、そのごく一部です。もっと知りたくなった人は、ぜひ受けたい省庁のホームページや広報を調べてみてください。

Chapter 2　国家公務員の専門常識その2　国家公務員の仕事内容

国家公務員という仕事

- 試験制度改革後の新しい国家公務員の意義を理解する
- 国家公務員の具体的な業務について理解を深める

国民生活のあらゆる分野を支え活躍する

　平成24年度の試験制度改革により、国家公務員は主に**総合職**と**一般職**の2つに分けられました。総合職職員は政策の企画立案を行える高い能力を有した者、一般職は的確な事務処理能力を有する者といったように区別されています。

　国家公務員の職種は、三権分立の理念に則り、行政府（人事院）で働く国家総合職・一般職、司法府（最高裁判所）で働く裁判所職員総合職・一般職があります。立法府（国会）では**衆議院事務局（総合職・一般職・衛視）**、**衆議院法制局（総合職）**などがあり、このほかにも特別な職種が各省庁にあります。たとえば、**法務省専門職員**、**外務省専門職員**、**財務専門官**、**国税専門官**、**航空管制官**などで、個別に採用試験が実施されます。また、**海上保安大学校**などの大学校や学校もあります。

知っておきたい用語ガイド

▶ **平成24年度試験制度改革**
総合職に大学院修了者対象の院卒試験が加わり、専門職試験に職種が増設。また一般職（係員クラス）に社会人も受験できるようにし、係長クラス対象の経験者採用試験がこのときに新設されました。

▶ **衛視**
議員や議院内の治安を守ります。採用試験に身体要件があります。

国家公務員の仕事内容

　事務系の仕事が多いイメージの公務員ですが、国家公務員では想像を超えた職種が広がり、仕事内容もバラエティに富んでいます。

主に行政府に勤務
- 国家総合職 …… 政策立案を行う
- 国家一般職 …… 個別の事務に対し専門知識を持つ

司法府に勤務
- 家庭裁判所などの裁判所
  （総合職・一般職）

立法府（国会）に勤務
- 衆議院事務局
  （総合職・一般職・衛視）
- 衆議院法制局
  （総合職）
- 参議院事務局
  （総合職・一般職・衛視）
- 参議院法制局
  （総合職）
- 国立国会図書館
  （総合職・一般職）

各大学校・学校
- 防衛大学校
- 防衛医科大学校
- 気象大学校
- 海上保安大学校
- 海上保安学校

その他の専門職
- 法務省専門職員
- 外務省専門職員
- 防衛省専門職員
- 国税専門官・税務職員
- 財務専門官
- 食品衛生監視官
- 労働基準監督官
- 航空管制官
- 刑務官
- 入国警備官
- 皇宮護衛官
- 自衛官　　　　　　　　など

このほかに自動車運転手などの技能労務職がある

Chapter 2　国家公務員の専門常識その2　国家公務員の仕事内容

国家総合職と国家一般職

- 総合職では官僚としてのリーダーシップの発揮が求められる
- 一般職に求められるのは、事務処理能力のスペシャリスト

国家公務員・総合職　　所属省庁：各府省庁

▶省庁の中枢で活躍する幹部候補生

　総合職は、事務職と技術職の二つに分かれます。両者の業務内容にそれほど違いはありませんが、いわゆる「官僚」や「キャリア」と呼ばれるのは事務職の総合職職員です。各府省庁で主に政策企画立案業務に携わります。法律を深く理解し、問題や政策に照らし合わせて新たな政策に反映させ、それを国民や議員に説明する高い能力が必要。また、将来の幹部候補なので高いリーダーシップが必要です。求められるレベルが高い分、難易度が高い試験をクリアしなければなりませんが、やりがいもあります。技術職は、技官として専門性を活かし採用時の職種と関連のある部署に配属されます。

> 主な業務

- **事務職**
  政策立案業務。各省庁の核となる「政策」や「方針」といったものを担います

- **技術職**
  すぐれた専門知識を活かした政策立案業務。研究職や研究所勤務の場合もあります

> **採用情報**　事務職は試験内容・倍率とも難易度が高くなっています。一般職に比べ昇進は早いもののし烈な出世競争といった面もあります。技術職は、採用時の職種と関係した部署に配属されるケースが多く、本省で事務に従事すだけではなく、研究所などに勤務して研究作業を行うこともあります。

国家公務員・一般職

所属省庁：各府省庁

▶高い事務処理能力を持つスペシャリスト

　一般職職員はまず特定分野において専門的な知識を有することが求められています。法令や先例といった知識を使って、担当するケースにどれがどのようにあてはまるのか、正確かつ的確に処理を行う役割を担います。そのために高い事務処理能力が必要です。勤務場所によっては窓口業務もあり、人とのコミュニケーション能力も求められます。

主な業務

- **一般職（大卒）**
  特定の分野での専門知識を駆使し、的確な事務処理を行います

- **一般職（高卒）**
  総務など各官署での一般事務を行います。窓口業務もあります

- **一般職（技術）**
  地方運輸局での自動車検査・整備業務、地方整備局での河川・道路の調査・企画・施工・管理業務など

採用情報
　一般職（大卒・事務職）の採用はブロック制となっており、たとえば「行政関東甲信越地域」での受験であれば、勤務地は東京・神奈川・千葉・埼玉・茨城・栃木・群馬・山梨・長野・新潟の各都県です。本省採用は「行政関東甲信越地域」からの採用ですが、有為な人材を求めるという観点から全国での採用が可能とされています。なお技術職は全国からの採用です。
　一般職（高卒）は、たとえば「事務関東甲信越」といった区分になっており、受験する行政区分が勤務地となり、異動や転勤はほとんどありません。

2　国家公務員の専門常識その2　国家公務員の仕事内容

Chapter 2　国家公務員の専門常識その2　国家公務員の仕事内容

経済系公務員

- 税や財務に関するスペシャリスト集団である
- 国の財政と国民の暮らしを結ぶ大切な役割を担う

国税専門官・税務職員

所属省庁：財務省国税庁

▶ 安心で豊かな暮らしの礎、税金のスペシャリスト

　国税庁本庁・各地方の国税局・税務署において法律・会計などの専門知識を活かし業務を行います。業務内容から国税調査官・国税徴収官・国税査察官の3つに分かれますが、国税専門官と税務職員の違いは試験制度の違いによるもので、業務内容に違いがあるわけではありません。一般職よりも給料が高く、在任中に税理士資格を取得できるので人気があります。

主な業務

- **国税調査官**
  確定申告書などについて適正な申告がなされたかの調査を行うとともに、申告に関する指導なども行います

- **国税徴収官**
  納付期限が過ぎた税金の督促・滞納処分、納税に関する指導を行います

- **国税査察官**
  裁判所の許可を得て脱税の疑いのあるものに対し、捜索・差し押さえなど強制調査を行います。いわゆるマルサと称されます

採用情報　国税専門官試験は一般職（大卒）、税務職員試験は一般職（高卒）相当の試験です。いずれにしろ採用後は税務大学校に入校し、税のプロになるべく専門的な勉強が待っています。

財務専門官

所属省庁：財務省・財務局

▶ 地域経済の基盤を支える地域と国の架け橋

　財務専門官が所属する財務局は、財務省の総合出先機関として財政と金融に関する業務を担います。その職務から金融庁との連携が多く、人事交流も盛んです。財政専門官の主な業務は、財政・金融・その他の3部門に分かれています。

主な業務

- **財政**
  - 予算執行調査（予算が効率的、適切に使われているか予算執行段階でチェックします）
  - 災害立ち合い（災害復旧事業費金額の確認など）
  - 国有資産の有効活用
  - 財政投融資事業（地方公共団体向け国による長期・低利融資の貸付資金）

- **金融**
  - 地域金融機関の検査・監督
  - 証券取引などの監視

- **その他**
  - 地域経済調査

採用情報　実際に地域に足をかけ地域の実情やニーズをくみ取ることのできる人物が求められています。経済系の職種なので人気が高く狭き門となっています。

Chapter 2　国家公務員の専門常識その2　国家公務員の仕事内容

法律系公務員

- 司法行政に関わる仕事に従事する
- 法律を通して国民の暮らしを守る

裁判所職員

所属省庁：裁判所

▶ 国民と司法をつなぐ、特別職の国家公務員

全国の裁判所に勤務し、**裁判所事務官・裁判所書記官・家庭裁判所調査官**の3つに分かれています。

主な業務

- **裁判所事務官**
法廷事務、裁判手続きの補助、司法全般を担います。総合職・一般職に分かれていますが、業務内容はほぼ同じです。違いは総合職が最高裁判所の採用で異動範囲が全国各地なのに対し、大卒の一般職は高等裁判所の採用であり、1次試験を受験した地区の高等裁判所の管轄内での異動になります。高卒の一般職は受験した高等裁判所の管轄内裁判所の事務作業を行います

- **裁判所書記官**
裁判内容の記録、資料収集、調書作成などを行います。また裁判における原告・被告やその弁護士、検察との調整など、訴訟に関する事務的な業務も担います

- **家庭裁判所調査官**
離婚・財産分与、少年非行といった家庭と非行少年の問題に従事します。家庭裁判所における調査や資料作成のほか、調停の場に同席し意見を述べる権限もあります

> **採用情報**
> 裁判所書記官を目指す場合、裁判所事務官に一定期間就く必要があります。そのうえで書記官養成課程入所試験に合格する必要があります。家庭裁判所では、採用時は調査官補の資格ですが、2年間の研修教育後、調査官になることができます。

家庭裁判所調査官

所属省庁：裁判所

▶ **家庭裁判所の案件の背景を調査する**

　家庭裁判所は、夫婦や親族間の争いといった家庭に関する問題を、家事審判や家事調停、人事訴訟などによって解決し、非行を犯した少年の処分を決定する機関です。いずれのケースも、事件の背後にある人間関係や環境を考慮した解決が求められます。

　家庭裁判所調査官は、**家庭裁判所で取り扱っている家事事件、少年事件などについて調査を行うことが主な仕事**です。たとえば少年審判では、少年とその保護者との面接、心理テストなどの調査を行って、少年の更生のために適切な処分を含めた調査報告書を提出します。家庭裁判所調査官になるためには、裁判所職員採用総合試験を受験する必要があります。採用後は、裁判所職員総合研修所に入所して、約2年間の研修を受けて必要な技能などを修得します。

> **主な業務**

- **家事事件**
紛争の当事者やその子どもに面接などを行って問題の原因や背景を調査し、場合によっては社会福祉や医療機関との連絡をとりながら、当事者や子どもにとってもっともよいと思われる解決方法を検討し、裁判官に報告する。気持ちが混乱している当事者については、心理的な援助をすることもある。

- **少年事件**
非行を犯したとされる少年とその保護者に会って事情を聴くなど、少年が非行に走った動悸や原因、成育歴、生活、生活環境などに関する調査を行う。必要に応じて少年の性格傾向などを把握するための心理テストを行ったり、少年鑑別所や保護観察所などと連携をとったりしながら、少年が更生するために適切な方策を検討し、裁判官に報告する。

採用情報
例年、裁判所職員採用総合職および一般職試験（大卒程度）は5月下旬に第1次試験を実施。総合職の第2次試験の筆記試験は7月上旬、一般職を含めた人物試験は7月上旬から8月上旬までに随時、実施されます。総合職の第3次試験は8月上旬に行われ、最終合格者が決定します。（詳細はホームページなどを確認してください。）

Chapter 2　国家公務員の専門常識その2　国家公務員の仕事内容

公安系公務員

- 日本の安全と治安を守るのが仕事である
- 全国各地に赴いて勤務する職種が多い

防衛省職員
所属省庁：防衛省

▶ 日本の安全を担う最前線へ

　ここで指す**防衛省職員**とは自衛官とは別の、いわゆる「背広組」の総合職（事務）職員のこと。総合職（事務）職員、一般職職員とも本省・外局の防衛施設が勤務地ですが、一般職職員は各地の基地・駐屯地でも勤務します。技術職職員は本省・防衛施設庁、地方支部などに勤務。ほかに**防衛省専門職員**があります。

> 主な業務

- **防衛省職員**

  総合職（事務）……法令・予算・人事などの統括。防衛政策の企画立案など国防に関する中枢的役割を果たす

  総合職（技術）……**施設系技官**と**装備系技官**の2つ。基地などの防衛施設やミサイルなどの装備品といった物的基盤を安定的に確保するための政策立案をする

  一般職……人事や会計といった事務の仕事に従事する

- **防衛省専門職員**

  語学……諸外国との交渉・通訳、海外資料の収集分析などを担当する

  国際関係……情報本部に勤務し、軍事情勢の情報収集、分析などを行う

採用情報　外務省専門職員と職務が似通っているので併願する人が多い。外国語（英語・中国語など）に堪能なことが求められます。

刑務官

所属省庁：法務省

▶罪を憎んで人を憎まずの精神が活きる現場

　全国の刑務所・少年刑務所・拘置所に勤務します。刑務所・少年刑務所では受刑者への指導を行い、改善更生と社会復帰のために尽力します。拘置所では、被疑者・被告人の逃走や証拠隠滅防止に努めます。

入国警備官

所属省庁：法務省

▶国際的な連携を取ながら日本の玄関を守る

　地方入国管理局、支局や出張所、入国管理センターに勤務します。不法入国者、在留外国人の法令違反事案調査、違反容疑者・被退去強制者の護送、収容所の警備などに従事します。

皇宮護衛官

所属省庁：警察庁

▶警察庁が直轄する唯一の警察本部

　警察庁直轄の皇宮警察本部に勤務します。天皇および皇族の護衛、皇居・御所の警備にあたります。皇居以外にも東京・赤坂、京都御所、那須（栃木）、葉山（神奈川）、須崎（静岡）の各御用邸の勤務に就く場合もあります。

採用情報　いずれも高卒程度の試験ですが、すべて身体要件があります。

警察官（警察庁勤務など）

所属省庁：警察庁、都道府県警察

▶警察庁勤務をはじめとする国家公務員の警察官

　警察官の採用は、警察全体を取りまとめる警察庁、皇室を警護する皇宮警察本部、都道府県警察の3つに分かれています。それに加えて、**警察庁勤務の警察官**は国家公務員です。この職に就くためには、国家公務員採用試験を受けて合格し、警察官として採用されることが必要です。皇宮護衛官は天皇皇后両陛下や皇族の護衛、皇居などの警備を業務とする特殊な警察官であり、身分はこちらも国家公務員です。都道府県警察に勤務する警察官のほとんどは地方公務員ですが、**警視正以上の階級に所属する人は、警視庁のトップである警視総監を含め国家公務員となります**。

＞ 主な業務

- **警察庁**
  国家に関わる公安や警察組織全体の調整、各都道府県警察の監督などを行う

- **皇宮警察本部**
  天皇皇后両陛下・皇族各殿下の身辺の安全を確保する護衛部、皇居や御用邸の警備や、新年一般参賀等の企画立案などを行う警備部門、勤務体制や人事管理など組織の基盤を支える警務部門がある

- **都道府県警察（警視正以上）**
  各都道府県が管理する警察組織で、その地域で発生した事件を担当する

採用情報
国家公務員である警察庁の警察官を目指す場合は、国家公務員採用試験を受けて合格し、採用されなければなりません。警察庁の総合職の採用数は毎年10名程度と極めて少なく、さらに警察庁は人気のある省庁であるため、採用されるには上位の成績で合格することが望ましいといえます。

公安調査官

所属省庁：公安調査庁

▶公共の安全を守るための任務に取り組む

　公安調査庁は破壊活動防止法に基づき、暴力主義的破壊活動を行う危険性のある団体の調査を行い、規制の必要があると認められる場合は、公安審査委員会に対して、その団体の活動制限や解散指定の請求を行います。また、無差別大量殺人行為を行った団体の規制に関する法律によって、現在の危険要素が認められる団体の調査を行い、公安審査委員会に対して観察処分、または再発防止処分の請求を行います。

　国内外の諸情勢の情報収集と分析も主な業務のひとつ。公安調査官は公共の安全を確保するためにこれらの任務を遂行しています。

主な業務

- **調査業務**
  日本国内の破壊的団体、および無差別大量殺人行為をした団体などに関する情報・資料の収集

- **分析業務**
  収集された情報や資料を多方面な角度から検討・分析・評価し、各種公的資料を作成する

- **管理業務**
  総務、人事、会計、福利厚生など、公安調査庁全体をバックアップし、組織の維持向上を支える

採用情報

原則として国家公務員採用試験（総合職および一般職）の合格者から人物本位で採用します。国家公務員採用試験の合格者のうち総合職から4名、一般職から45名を採用した年もあります。また、民間企業での職務経歴などを持つ経験者を対象に、公安調査庁による法務事務官（公安調査官）採用試験も実施されています。

法務教官

所属省庁：法務省

▶犯罪の低年齢化によって重要度が増している

　心理系の国家公務員のひとつであり、非行に走った少年たちが社会復帰できるようにサポートするのが主な仕事です。罪を犯した少年は、家庭裁判所で保護処分の審判を受けると少年院へと送致されます。彼らに教育・指導を行うのが法務教官です。

　また、家庭裁判所での審判の前に、観護措置となった少年を収容する少年鑑別所に勤務する場合もあります。その際の業務内容は、**少年が更生する可能性の有無を判断し、審判等に提供する資料の作成**です。犯罪が多様化、低年齢化していく中で法務教官への期待は高まっており、広く社会貢献ができる職業です。

> 主な業務

- **少年院**
　送致された少年たちに対して資格取得のための訓練を行ったり、体育の授業を行ったり、業務内容は幅広い

- **少年鑑別所**
　法務技官と協力し、少年の人間性や性格を汲み取りながら家庭裁判所での審判や少年院、保護観察所などにおける指導に活用される資料を提供する

採用情報

受験する年の4月1日に21歳以上29歳未満の者であれば、誰でも受験することができ、21歳未満でも大学卒業見込み者等は受験可能。40歳未満であれば社会人枠での採用もあります。男女や社会人枠等によって多少の差はありますが、倍率は8〜11倍。採用人数が少ないため狭き門だといえるでしょう。特に、女性の法務教官は配属先が少なく厳しい倍率です。

海上保安官

所属省庁：海上保安庁

▶海上の治安を維持し日本の安全を守る

「海の警察官」として、日本の海域を巡視船や航空機を使って監視し、海の治安を維持し、安全を守る仕事です。主な業務は海上の治安維持と安全確保をする警備救難業務、安全な航海ができるよう、海に関する情報を調べて提供する海洋情報業務、海上交通の安全を目的とする海上交通業務です。**潜水士や特殊救難隊員のような、特殊な職務もあります。**日本は四方を海に囲まれているため、諸外国の船が不法侵入してくる可能性を常に考慮しなければなりません。国際化とともに諸外国との緊張が高まっている現在、海上保安官の存在はさらに重要視されています。

主な業務

- **警備救難業務**
  密航や密漁、密輸などの取り締まりや海難救助、タンカー事故などによる汚染の拡大を防ぐ環境防災業務などを担う

- **海洋情報業務**
  海洋観測や天文観測などの調査を実施し、航海の安全や海洋開発に必要な海図の作成などを行う

- **海上交通業務**
  海の交通警察として海上交通の管理を担う。本庁や管区本部などでの陸上勤務もある

採用情報
学生採用試験を受験し、幹部職員を養成する「海上保安大学校」か一般職員を養成する「海上保安学校」へ入学します。海上保安大学校は入学する年の4月1日で21歳未満、海上保安学校は同日で24歳未満が対象。また、海技免許等の一定資格の所持者を対象にした有資格者採用試験も実施されています。

Chapter 2　国家公務員の専門常識その2　国家公務員の仕事内容

その他の公務員

- ●国に従事する職種の多さを実感する
- ●国家公務員採用と民間では仕事内容が変わることもある

国会職員　　所属省庁：国会（衆参両議院・国会図書館など）

▶議会制民主主義を陰で支える

議会制民主主義を支える**立法府**（国会）に所属します。衆議院・参議院のほか国立国会図書館で勤務する、ほかの一般職公務員とは違う特別職です。

＞職種と主な業務

- **衆議院事務局・参議院事務局**
　会議運営部門 …… 本会議や委員会などを運営面から支える
　調査部門 …… 調査・研究・提言などを行う議会シンクタンク業務を担う
　　　　　　その他総務、記録（速記や会議録の作成）、警務（衛視―国会内の安全を守る警察組織）を担当する

- **衆議院法制局・参議院法制局**
　議員立法の立案業務、議員の依頼に応じ、法律案や修正案を作成。法制に関する調査研究

- **国立国会図書館**
　司書業務部門 …… 内外の資料の収集・整理・保存し、後世に伝える業務。目録の作成、一般利用者への図書館サービスなどを行う
　調査業務部門 …… 国会議員の立法活動をサポートする
　一般事務部門

> **採用情報**　勤務地が東京（永田町）に限られる（国会図書館は関西館があるため、関西での勤務の場合もある）のが特徴です。

衆議院事務局総合職

所属省庁：衆議院事務局

▶議会制民主主義を支える重要な職務

　議院の自律権に基づき、衆議院の事務を処理するために置かれている機関です。職務は、**衆議院の本会議や法律案の審議の際に補助を行う会議運営部門、委員会や議員からの依頼によって調査を行う調査部門、事務作業や議院警察などを含むその他の議員活動補佐部門の大きく3つ**に分けられます。その仕事は決して目立つものではありませんが、政治のダイナミズムの中で、迅速・的確に事務処理を進めていくことが求められており、議会制民主主義を陰で支える重要な仕事です。経験を積む中で、自分の能力を活かせる部署に希望を出すことも可能です。

主な業務

- **会議運営部門**
  本会議、各委員会における法律案の審議などの活動に関して、議長または各委員を補佐し、議事手続に関する事務や会議などに関する資料作成、関係各所への連絡を行う

- **調査部門**
  委員会調査 …… 各委員会における議事案等の審査や国政調査に関する調査を行う
  予備的調査 …… 委員会が予備的調査を命じる議決をした場合や、40人以上の議員から要請書の送付を受けた委員会が命じる場合に行われる
  議員からの依頼による調査 …… 施策の実施状況や条文解釈の説明、質疑応答のための資料作成の補佐

- **その他の議員活動補佐部門**
  業務は正副議長・役員・議員の活動を補佐する事務、事務局内の庶務管理事務、議会政治の資料の収集・展示に関する事務、議事速記、議院警察に分けられる

採用情報
衆議院事務局試験は、3月下旬～4月上旬が願書提出期間。5月上旬に第1次試験。第2次試験は5月下旬、第3次試験は7月上旬で合格発表は7月下旬となります。毎年、倍率が100倍を超える超難関試験ですが、新卒・既卒に関わらず、また文系・理系を問わず募集しています。

参議院事務局総合職

所属省庁：参議院事務局

▶立法過程の活動に携わる特別職の国会議員

　参議院事務局の職務には、運営面から会議全体をサポートする**会議運営部門**、政策立案を支援するシンクタンクの**調査部門**、広報活動や国際交流などを多角的にサポートする**総務部門**の3部門があり、さらに会議の速記を行う**記録部**、議院警察を行う**警務部**に分けることができます。立法機関であるため、行政・司法が行っている国家公務員採用試験独自の国家公務員採用試験に合格する必要があります。採用後は先の3部門をすべて経験した上で、適正に合った部署に配属されます。参議院は議員の任期が6年と長く解散がないため、機能的に仕事を行えます。

　また、英語研修やコミュニケーション研修など、異動や昇進のたびに研修を受ける機会があります。参議院事務局内で実施される研修はもちろん、海外特定期間や人事院、総務省、防衛省などが行っているものにも参加することが可能です。順調に進むと4年前後で係長に昇任することができ、その後は幹部職員になる道も開かれています。

主な業務

- **会議運営部門**
  議会がスムーズに進行するよう政府と連絡を取り合い、議長を補佐する

- **調査部門**
  議員が国会で質疑応答を行うための資料の事前調査や憲法に関する調査を行う

- **総務部門**
  組織を総合的に調整し、広報活動や国際交流などを進めたり、施設を管理する

採用情報

参議院事務局試験は、例年、4月上旬〜中旬に願書の受付期間。第1次試験、第2次試験ともに例年5月中に実施、第3次試験は6月下旬以降の指定日に行われ、合格発表は7月下旬以降で、採用予定数は例年15名程度。採用後は新採用者研修をはじめ、英語研修や大学院派遣研修などの研修が用意されています。

国立国会図書館（国会職員）

所属省庁：国会

▶資料保存のほか、国会議員の立法活動を補佐する調査も行う

　国立国会図書館は、1948年（昭和23年）、国立国会図書館法に基づいて設立され、立法府である国会に属しており、中央の図書館、関西館、国際子ども図書館と27の支部図書館で構成されています。主な業務は、調査業務、司書業務、一般事務です。情報化社会の今、主に紙資料を扱ってきた従来の図書館サービスに加え、電子化情報を蓄積し、情報の幅広い提供を行う電子図書館サービスをはじめ、新たな図書館サービスを充実させています。国立国会図書館での業務は、先人の知を現在に活かし、未来へ伝えていく仕事だといえるでしょう。

　調査業務では、諸外国の制度との比較などをもしており、採用試験には英語科目もあります。

> 職種と主な業務

- **調査業務**
国会議員その他国会関係者に対して、法案等の分析、評価、資料提供といったサービスを行う

- **司書業務**
内外の膨大な資料を収集、整理、保存し、閲覧、資料提供、レファランス等の幅広い図書館サービスを行う

- **一般事務**
館の方針の企画・立案、予算と執行の管理、庁舎の管理、支部図書館との連絡調整業務などを行う

採用情報
知識や能力はもちろん、人と人とのネットワークを積極的に構築できる、明るく朗らかな人を求めています。総合職と一般職の採用があり、いずれも大卒ではない人でも受験できますが、年齢制限があります。ある年度の総合職は、577名の申込者に対し、最終合格者はわずか4名。倍率140倍を超える難関試験です。

外務省専門職員

所属省庁：外務省

▶ 地域・言語・専門分野のスペシャリストとして国益を守る

　語学能力を活かし、外国政府要人との会合の通訳やロジスティックス（ホテル・会議場の確保、日程調整など）、相手国政府の情報収集、わが国の広報活動などを行います。

　総合職職員との違いは、総合職が将来の幹部職員としてあらゆる分野を経験するのに対し、専門職員は担当する地域の歴史・文化・政治経済などの専門家として活躍することが期待されています。

勤務地
- 外務省
- 在外公館（各国大使館・領事館）
- 政府代表部（ウィーン、ジュネーブ）

主な業務
- わが国政府要人と外国政府要人との会合時の通訳、ロジスティックス
- 相手国政府の情報収集、相手国政府への広報活動
- 在留邦人・旅行者の保護

採用情報
「外交の基礎は人」を基本理念にしているため、採用時から本省、諸外国での研修が充実しています。また職員の3分の1を女性が占めており、その活躍が期待されています。語学力が活かせることから高い人気を誇り、狭き門といえます。

法務省専門職員（人間科学）

所属省庁：法務省

▶人間科学の専門知識で法務行政を担う

　心理職と区分される独特の職種です。法務技官として心理学を活かし、温かい人間性と冷静な分析力という2つの視点から、**非行・犯罪の分析、少年犯罪者の更生**などの業務に関わります。法を犯した人間と真正面から向き合うため、強い意志と信念が求められます。チームを組んで仕事を進めていくのが多いので協調性も求められます。

主な業務

- **矯正心理専門職**
  刑事施設（刑務所、少年刑務所、拘置所）などで少年や被収容者の鑑別を行います
- **法務教官**
  少年院・少年鑑別所で非行少年に矯正教育や行動観察、生活指導などを行います
- **保護観察官**
  保護観察や更生保護処分などを担います

採用情報　矯正心理専門職と法務教官・保護観察官とでは専門試験の試験形式が異なります。またすべての職種で視力など身体要件があります。

航空管制官

所属省庁：国土交通省

▶ 安全で快適な空にするために

　航空管制官は航空機の安全な離着陸と航行のための管制業務に従事します。勤務地は各空港と全国4カ所にある航空交通管制部になります。管制業務は緊張と集中力を必要とするので、勤務時間中であっても、30分から1時間ごとに交替で休憩をとり業務を遂行します。また職務の特殊性から3交替制24時間業務になります。業務は英語を多用しますので試験に外国語（英語）があるのも特徴です。

主な業務

- 各地の空港での管制業務、飛行場管制、ターミナルレーダー管制、着陸誘導管制業務
- 航空交通管制部（全国4カ所）と航空交通管理センター（福岡市）での管制業務

採用情報

平成27年度以降、試験内容が変更となり、適性試験に航空管制業務シミュレーションが加わり、面接試験も人物重視として試験時間が延長されました。（詳細は国土交通省航空管制官ホームページをチェック。）また職務上、視力・色覚・聴力などの身体要件があります。採用後は航空保安大学校で研修を受けることになります。

労働基準監督官

所属省庁：厚生労働省

▶ 安心して働ける職場環境を目指す

安心して働くことができるよう**職場の安全や衛生状態、労働環境や労働条件の改善を図る**ことが主な任務です。本省あるいは全国の労働局、労働基準監督署に勤務します。業務上、工場や事業所など現場に赴く機会も多くあります。

主な業務

- **臨検監督**
  定期的に、あるいは働く人からの相談などによって工場や事務所などに立ち入り、検査・調査を行います。法令違反が認められた場合、事業主に改善指導や行政処分などを行います

- **司法警察事務**
  労働基準法など労働関連の法令には罰則が設けられており、指導に応じないなど悪質な場合は、刑事訴訟法に基づいて特別司法警察員として取り調べ、強制捜査・逮捕などを行います

- **安全衛生業務**
  危険な機械や化学物質など有害物質の規制を行います。法令に則り、職場環境の指導改善、情報提供を行います

採用情報
試験区分には法・文系と理工系の2つがあります。採用数は少ないため競争率は高くなります。国家一般職との併願が可能です。

東京都特別区職員

所属省庁：特別区

▶ 23の自治体が地域特性を活かした計画を推進

　東京都特別区とは、東京都23区を指します。一般の市町村と同じく基礎的な地方公共団体に位置づけられ、区民にもっとも近い行政を担う機関です。区長公選制、区議会、条例制定権、課税権などを持って運営されている点が、政令指定都市の区との大きな違いです。

　東京都特別区の職員は、区の基本構想や各分野の事業計画の政策と実施を行う事務、道路や橋、河川の整備などに携わる土木系の仕事、公園や児童遊園の新設・改修の計画立案などを行う造園系の仕事、子どもから高齢者までニーズに合わせたサービスを提供する福祉系の仕事などの専門分野で働いています。

主な業務

- **事務**
  基本構想・基本計画、財政計画の策定、条例などの立案、選挙の管理、防災計画の策定など
- **土木**
  道路、橋、公園などの計画・設計・施行・維持、水害対策、復旧工事の計画など
- **福祉**
  児童の健全育成・生活指導、高齢者に対する作業指導や生活指導、各種事業の企画・立案・実施など

採用情報

平成26年度以降、Ⅰ類採用試験（一般方式）、Ⅱ類採用試験（土木・建築新方式）、Ⅲ類採用試験、経験者採用試験・選考、身体障碍者を対象とする採用選考を実施。人の思いを理解して誠実に聴く、向上心を持って自ら学ぶなど、区民のために自分の力を発揮したいと考えている人材が幅広く求められる傾向にあります。

各種大学校生・海上保安学校学生

▶将来の幹部・中堅職員を目指す

　大学校には防衛大学校、防衛医科大学校、海上保安大学校、気象大学校の4校があります。防衛大学校・防衛医科大学校・海上保安大学校の卒業生は国家総合職と同等の、気象大学校の卒業生は国家一般職（大卒）と同等の扱いを受けます。これら大学校生は学生でありながら同時に国家公務員として処遇され、給料やボーナスがあります。在学中も寮での共同生活となります。

主な業務

- **防衛大学校・防衛医科大学校**
卒業生は将来の幹部候補生になります。防衛医科大学校の卒業生も医官幹部となります

- **海上保安大学校・海上保安学校**
海上保安大学校の卒業生は海上保安庁職員として陸上、もしくは海上勤務を担います。海上勤務では巡視船などに乗り、海難救助や取り締まりなどを行います。海上保安学校は1年、もしくは2年制の学校です。同様に国家公務員の身分を持つ学生であり、卒業生は短大、もしくは専門学校卒業と同等の資格と見なされます

- **気象大学校**
卒業生は気象庁（国土交通省）職員となり、本庁・各地の気象台に勤務します。国家公務員でもめずらしい物理系職員として研究や観測業務を担います

- **航空保安大学校**
2年制で卒業後は国土交通省職員となり、航空管制業務のスペシャリストとして勤務します

採用情報
いずれも高校卒業（見込）の資格で受験できます。普通の大学受験と同様です（防衛医科大学校は超難関です）。気象大学校以外は身体要件や体力検査があります。

食品衛生監視員

| 所属省庁：厚生労働省

▶ 外国からの食品をチェックし、国民の「食の安全」を守る

全国の主要な港湾・空港において、**輸入食品の安全や検疫**といった「**食の安全**」に関わる業務です。その業務の特殊性から高度な理化学知識が求められます。

主な業務

- **輸入食品の監視**
  輸入食品が違法な添加物を使っていないか、製造が日本の法令を遵守しているかなどを検査します。輸入業者に対する指導も行う

- **試験分析**
  微生物検査・理化学検査を行い、有毒物質、病原菌、残留農薬、寄生虫などを検査する

- **検疫衛生**
  国内に存在しない疫病の侵入を防ぐために検疫を実施する

採用情報　特殊な業務のため、大学で薬学・畜産学・水産学、または農芸化学を専攻していることが必要です。

独立行政法人

所属省庁：所管の各府省

▶ 公共上の見地から必要な事務・事業を実施する

　独立行政法人制度とは、各府省の行政活動から政策の実施部門のうち一定の事務・事業を分離し、これを担当する機関に独立の法人格を与えて、業務の質の向上や活性化、効率性の向上、自律的な運営、透明性の向上を図ることを目的としています。内閣府所管の国民生活センター、文部科学省所管の国立科学館や理化学研究所、厚生労働省所管の国立がん研究センターなどの独立行政法人があります。独立行政法人には理科系の研究所が多く、事務系の採用よりも理科系で研究者志望の職員が多いのが特長の一つです。

　そのうち、国立公文書館や造幣局などが含まれる特別独立行政法人の職員は、国家総合職・一般試験の合格者から採用されており、身分は国家公務員となります。ただし、特別独立行政法人は公務員型から非公務員型に変わり、採用試験を独自に実施する場合もあるため、個別に確認することが必要です。また、独立行政法人に採用された後、所轄の府省などに出向するケースもあります。

主な業務

特定独立行政法人は、国立公文書館、統計センター、造幣局、国立印刷局、国立病院機構、農林水産消費安全技術センター、製品評価技術基盤機構、駐留軍等労働者労務管理機構で、合計約6万5000人の常勤職員が勤務しています（平成26年度現在）

採用情報

平成21年度の例では、国家公務員採用I種試験（総合職試験）の合格者からは造幣局で1名、国家公務員採用II種試験（一般職試験）の合格者から3名が採用されています。国立病院機構は93名、製品評価技術基盤機構は93名、駐留軍等労働者労務管理機構は5名を、それぞれ国家公務員採用II種試験の合格者から採用しています。

Chapter 2　国家公務員の専門常識その2　国家公務員の仕事内容

内閣総理大臣などの特別職

● 選挙や国会の議決、任命権者の裁量などで選出される
● 選挙や委嘱などによって任じられる職務の公務員について知る

国家公務員法上の特別職

　国家公務員の特別職には、内閣総理大臣のように**選挙や国会の議決**によって選出される職、国務大臣や国会議員の秘書など**任命権者の裁量**により政治的に任命することが適当とされている職などがあります。また、憲法の定める権力分立の原則に基づき、裁判官や国会職員、裁判所職員といった立法や司法の各部門における職も含まれています。このように、国家公務員の特別職にはそれぞれ異なる性質を持つものが包含されています。

内閣総理大臣

内閣の首長であり、総理、総理大臣、首相とも称されます。内閣を代表する地位にあると同時に、内閣全体の統一性および一体性を確保する役割を持っている職です。国会議員のなかから国会の議決によって指名され、天皇より任命されます。

内閣総理大臣補佐官

内閣法に規定された内閣官房の官職の一つで、5人まで置くことが可能。官邸機能強化の一環で、政策決定に民間の発想や政治的な視点を取り入れる目的で導入された制度です。内閣の重要政策に関して内閣総理大臣に進言や意見をすることが職務。通称は首相補佐官。

人事官および検査官

人事官は、国家公務員の勤務条件の改善の勧告や職階制・任免・懲戒・苦情処理などに関する事務を取り扱う中央人事行政機関の構成員です。検査官は、憲法に基づいて設置され、国の収入支出の決算を検査することを任務とする会計検査院を組織する構成員を指します。

内閣官房副長官

内閣官房の事務を統括し、内閣官房長官の職務を助け、内閣官房長官不在の場合はその職務を代行します。内閣法規定により現在の定員は3名。メディアにおいて政府筋、官邸筋と表現される場合は内閣官房副長官の発言内容であることが多いとされています。

内閣危機管理監および内閣情報通信政策監

内閣危機管理監は、内閣官房の事務のうち、国の防衛に関するものをのぞく、危機管理を統理することを職務とします。内閣情報通信政策監は、現行の内閣法で設置を規定している内閣危機管理監に加え、2013年に新設された政府の情報政策を統括する職務です。

内閣法制局長官

内閣法制局は憲法をはじめとする法令に関し、内閣や首相などに意見を述べ、内閣が国会に提出する法案や法令、条例を審査します。法制的な面から内閣を直接補佐する機関として置かれています。内閣法制局長は事務の統括、監督することも職務としています。

国家安全保障局長

国家安全保障局は、内閣官房の総合調整権限を用いて、国家安全保障会議を恒常的にサポートする行政機関で、外交・安全保障の司令塔です。国家安全保障局長は事務方の最高責任者。国家の安全に関する情報分析などを行うスタッフ組織を仕切る重要なポストです。

内閣官房副長官補、内閣広報官及び内閣情報官

内閣官房副長官補は、内閣官房長官、内閣官房副長官、内閣危機管理監および内閣情報通信政策監を助け、内閣官房の事務を掌理することが本務。内閣広報官は、行政の情報発信能力を強化する目的で内閣官房に設置された広報担当職です。内閣情報官は内閣情報調査室の長であり、内閣の重要政策に関する情報収集や分析、調査といった業務を統括します。

知っておきたい用語ガイド

▶ 政治任用制

公務員には試験によって採用が決まる資格任用制と、別の形式の政治任用制があります。政治任用制は、政府機関の要職に就いて政治家である任命権者の裁量によって任用する制度です。

国務大臣

総務大臣、外務大臣、法務大臣など。内閣総理大臣によって任命され、また、任意に罷免される職。国務大臣の任免は、天皇が認証します。すべての国務大臣が必ず行政事務を分担管理しなければならないというわけではなく、「無任所大臣」が存在することもあります。

大臣政務官

2001年（平成13年）の中央省庁再編に伴い、政務次官に代えて新たに導入された、内閣府、復興庁および各省に置かれる官職。その府省の長である大臣（内閣府では内閣官房長官または特命担当大臣）を助け、特定の政策および企画に参画し、政務を処理することを職務とします。

日本学士院会員

日本学士院は日本学士院法に基づいて設置されている、文部科学省の特別の機関。学術上の功績が顕著な科学者を優遇するための機関とし、学術の発達に寄与するために必要な事業を行うことが目的と定められています。学士院会員は終身であり、定員は150名。

宮内庁長官

皇室関係の国家事務のほか、日本国憲法第7条に掲げる天皇が行う国事行為のうちの外国の大使・公使を接受すること、儀式を行うことに関わる事務を行っています。

副大臣

2001年（平成13年）の中央省庁再編にともなって政務次官が廃止され、その際に新しく導入された職種です。各省大臣の命を受けて政策や企画立案を担当し、政務を処理し、大臣が不在の場合は、その職務を代行します。任免について天皇の認証を必要とする官職です。

日本ユネスコ国内委員会の委員

日本ユネスコ国内委員会は、ユネスコ活動に関する助言、企画、連絡および調査を行う目的で設立された文部科学省の特別機関。ユネスコ総会における政府代表およびユネスコに対する常駐政府代表の選考など多くの業務があり、委員は各業務の遂行に尽力します。

日本学術会議会員

日本学術会議は1949年（昭和24年）に設立された、日本の人文・社会科学、生命科学、理学・工学の全分野の約84万人の科学者を代表する機関。行政、産業および国民生活に科学を反映、浸透させることを目的とし、210人の会員と約2,000人の連携会員によって職務が担われています。

その他の特別職

外国の重要な儀式への参列や、外国政府との交渉ために派遣される、特派大使、特命全権大使、特命全権公使など。

議院内閣制

■議院内閣制の仕組み

内閣が国会から生まれ、国会に対して連帯して責任を負う仕組みを「議院内閣制」といいます。国会議員（衆議院議員および参議院議員）は、国民による選挙で選ばれます。その後、国会における選挙で、国会議員の議席の過半数以上の支持を得た議員が内閣総理大臣に任命。内閣総理大臣には大臣を任命する権限などがあり、内閣として行政の執行にあたります。議院内閣制は、内閣（行政府）と国会（立法府）が重なり合っている政治形態です。日本のほかにイギリスなどでも採用されています。

議員内閣制の仕組み（簡略図）

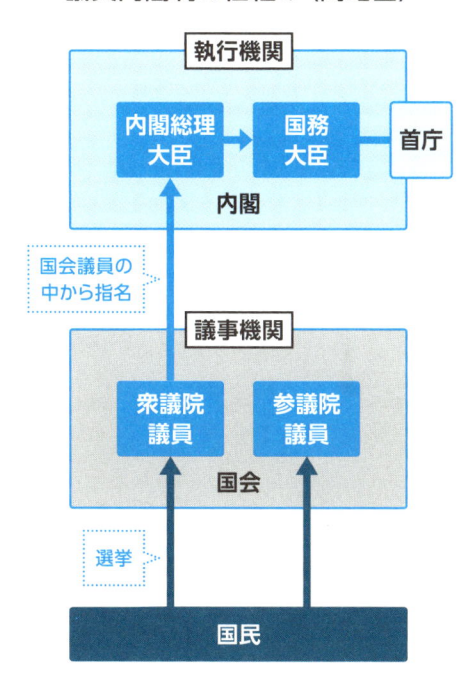

執行機関
- 内閣総理大臣 → 国務大臣 → 首庁
- 内閣

国会議員の中から指名

議事機関
- 衆議院議員　参議院議員
- 国会

選挙

国民

▶内閣総理大臣の指名

衆議院選挙後の特別国会では内閣は総辞職すると憲法で定められているため、同国会では首相指名選挙を行います。衆議院では選挙で最多数の議席を獲得した政党の代表者が首相として指名されます。参議院でも同様に選挙が行われ、衆議院と同一人物が選出されれば首相が決まります。違う人物が選出された場合は両院協議会を行い、決まらない場合は衆議院で選出された人が首相として指名されます。

▶内閣信任決議、内閣不信任決議

内閣信任決議は、内閣を信任するという議会の決議による意思表示。衆議院にのみ認められており、野党の内閣不信任案や参議院における首相問責決議などに対抗するために用いられます。内閣不信任決議は、内閣を信任しないという議会の決議による意思表示。こちらも衆議院にのみ認められた議決で、日本国憲法の定めにより、内閣は10日以内に衆議院解散、または総辞職を選択します。

> Chapter 2 　国家公務員の専門常識その2　国家公務員の仕事内容

諸外国の公務員

- その国の国家体制により公務員の職務内容が違う
- 諸外国の公務員の職務や人数を認識する

国家の自治や安全を支える各国の公務員

　国および地方自治体、国際機関等の事務を執行する職務＝公務員は外国にも存在します。たとえば、アメリカは総人口3億1,500万人のうち、国家公務員は279万人、それ以外の公務員に該当するのは約2,186万人。**日本と同じ議院内閣制をとるイギリス**は、総人口6,300万人のうち、国家公務員が45万5,000人、それ以外の公務員は約575万人となっています。ちなみに、日本は総人口1億2,800万人中、国家公務員は34万1,000人、ほかの公務員は約342万9,000人です。各国の政治や自治、安全などは多くの公務員の働きによって支えられています。

アメリカ
建国当初から政治任用が広く行われてきましたが、1883年、公務員法（ペンドルトン法）制定により、成績主義・政治的中立性に基づく職業公務員制が確立しました。

イギリス
1853年のノースコースト・トレヴァリン報告によって、成績主義に基づく資格任用制が確立。国家公務員は国王の奉仕者という位置づけになっています。

ドイツ
絶対君主制の下で発達した官僚制が民主的議会制下でも継承され、民主的統制に服しています。国家公務員の半数以上が官吏であり、公法上の任命行為に基づいて任命されます。

フランス
フランス革命によって国王の官僚制は解体され、19世紀に官僚養成学校による人材育成を特色とする職業公務員制が確立しました。共和制。行政権は大統領・首相に属します。

主要国の国家公務員数

国家体制などによって公務員の所属や職務に違いがあります。アメリカと、イギリスを例に見てみましょう。

アメリカ

大統領 — 大統領府 1,875人

- 国務省 40,613人
- 財務省 107,612人
- 国防総省 766,229人
- 司法省 117,285人
- 内務省 68,894人
- 農務省 91,794人
- 商務省 44,938人
- 労働省 17,322人
- 保健社会福祉省 71,047人
- 住宅都市開発省 9,594人
- 運輸省 57,346人
- エネルギー省 15,875人
- 教育省 4,501人
- 退役軍人省 317,670人
- 国土安全保障省 192,362人
- 独立機関及び公社 804,348人
  - 環境保護庁 18,655人
  - 共通役務庁 12,724人
  - 航空宇宙局 18,201人
  - 人事管理庁 5,610人
  - テネシー渓谷公社 12,872人
  - 社会保障庁 65,904人
  - 郵便庁 612,759人
  - その他 57,623人

(注) 人事行政機関
人事管理庁、メリット・システム保護委員会、連邦労使関係院、政府倫理庁

出典:人事院発表資料を基に作成

イギリス

内閣

- 内閣府 1,800人
  - 内閣府のその他の機関 440人
- 財務省 1,210人
  - 財務省のその他の機関 420人
- 歳入関税庁 76,880人
- 地域社会・地方政府省 2,650人
- 内務省 26,030人
- 文化・メディア・スポーツ省 650人
- 教育省 3,890人
- 国防省 60,440人
- ビジネス・イノベーション・技能省 18,090人
- エネルギー・気候変動省 1,400人
- 環境・食糧・農村省 8,770人
- 外務省 5,620人
- 保健省 3,280人
- 国際開発省 1,750人
- 法務長官省 8,860人
- 司法省 69,280人
- 雇用・年金省 111,000人
- 運輸省 17,860人
- 北アイルランド省 90人
- スコットランド政府 16,490人
- ウェールズ政府 5,490人
- 情報保安局 5,430人
- 慈善委員会 380人
- 教育基準局 1,380人
- ESTYN（ウェールズ教育基準省） 110人
- 輸出信用保証局 200人
- 食品基準庁 1,330人
- 資格試験規制庁 160人
- 統計庁 3,720人

(注) 人事行政機関
内閣府、人事委員会、助言仲裁斡旋局（ACAS）、企業就職諮問委員会（ACBA）

国家公務員の仕事内容 理解度チェック問題

問1　次の職種を一般職か特別職に分けなさい

❶ 裁判所職員
❷ 国会職員
❸ 国家一般職
❹ 国税査察官
❺ 航空管制官
❻ 労働基準監督官
❼ 外務省専門職員
❽ 防衛省職員
❾ 刑務官
❿ 防衛大学校学生

問2　次の文章で正しいものには○、誤っているものには×を記しなさい

❶ 国家一般職職員に求められるのは、的確かつ正確な事務処理能力である。

❷ 国家総合職職員は、入省時にその後の配属が決まり、生涯にわたって異動や転勤はない。

❸ 国家総合職（技術）では、研究職や研究所勤務の場合もある。

❹ 国家公務員でも地方公務員同様、職種によっては窓口業務があるのでコミュニケーション能力も必要だ。

❺ 国家総合職には政策企画立案ができる高度な知識と能力が求められる。

答え

問1 ❶ 特別職　❷ 特別職　❸ 一般職　❹ 一般職　❺ 一般職　❻ 一般職　❼ 一般職
❽ 特別職　❾ 一般職　❿ 特別職　問2 ❶ ○　❷ ×　❸ ○　❹ ○　❺ ○

問3 以下の職種に関して採用時に身体要件が必要なものはどれか答えなさい

❶ 防衛省専門職員
❷ 航空管制官
❸ 労働基準監督官
❹ 法務省専門職員（人間科学）
❺ 刑務官
❻ 国会職員　衛視
❼ 入国警備官
❽ 国税専門官・税務職員

問4 次の文章で正しいものには○、誤っているものには×を記しなさい

❶ 防衛大学校や海上保安大学校の学生は、国家公務員の身分も併せ持つ。

❷ 皇宮護衛官は警察庁に所属し、天皇や皇族、皇居の警備を行う。

❸ 国税専門官や税務職員は、一定期間職務に就けば税理士資格が得られる。

❹ 法務省専門職員である法務教官や保護観察官の勤務地は、法務省本省であることが多い。

❺ 労働基準監督官は臨検検査などを行うが、工場や工事現場のような現場に赴くことはなく、書類での審査・調査を行うのみである。

答え

問3　❷❹❺❻❼
問4　❶○　❷○　❸○　❹×　❺×

問5 以下の職種の所属省庁や所属機関を答えなさい

1. 税務職員
2. 労働基準監督官
3. 食品衛生監視員
4. 家庭裁判所調査官
5. 航空管制官
6. 衆議院事務局員
7. 入国警備官
8. 海上保安大学校生
9. 国会図書館職員
10. 財務専門官

問6 次の文章で正しいものには○、間違っているものには×を記しなさい

1. 労働基準監督官は、司法警察権を持ち違反者を逮捕することができる。
2. 財務専門官はあくまで財務省本省のみにかかわり、金融庁とは互いに異なる業務をする。
3. 外務省専門職員はあくまで本省の後方支援であり、主な勤務地は日本国内に限られる。
4. 国税専門官・税務職員は、採用されるとすぐに現場での税務業務を行うこととなる。
5. 刑務官や皇宮護衛官は公安職なので、勤務時間は変則的なものになることがある。

答え

問5 ❶ 財務省または国税庁 ❷ 厚生労働省 ❸ 厚生労働省 ❹ 裁判所（最高裁判所） ❺ 国土交通省 ❻ 国会 ❼ 法務省職員 ❽ 海上保安庁または国土交通省 ❾ 国会 ❿ 財務省
問6 ❶ ○ ❷ × ❸ × ❹ × ❺ ○

問7　次の文章に合致する職種を下記の囲みから選びなさい

❶ この職の技術職は施設系技官と装備系技官に分かれ、我が国に不可欠の物的基盤を安定的に確保するなどの業務を行う。

❷ 国会内での治安を守る。

❸ 納付期限が過ぎた税金の督促などを行う。

❹ 脱税などに対し強制捜査を行う。

❺ 国内に疫病が侵入するのを防ぐため港湾・空港で検疫を行う。

❻ 労働者が安心して働けるような環境づくりや労働条件の改善をめざす。

❼ 外国政府要人との会合の通訳や会議場・ホテルの確保、日程調整を行う。

❽ キャリアと呼ばれ各府省庁に勤務し、政策企画立案といった行政の中枢にかかわる業務を行う。

❾ 国会議員の依頼に応じ、法案の作成や修正、法制に関する調査を行う。

❿ 不法入国者の取り締まりを行う。

A：労働基準監督官
B：防衛省職員（事務）
C：外務省専門職員
D：食品衛生監視員
E：防衛省職員（技術）
F：国家一般職
G：国家総合職
H：国会職員　衆参各法制局職員
I：国会職員　衆参各事務局職員
J：皇宮護衛官
K：入国警備官
L：国会職員　衛視
M：国税徴収官
N：国税査察官

答え

問7　❶E　❷L　❸M　❹N　❺D　❻A　❼C　❽G　❾H　❿K

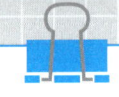

Column 3

国家公務員に求められる人物像

　社会が求める理想的な人物像はスーパーマンです。信頼される人と言い換えてもよいでしょう。責任感が強く、正義感を持ち、柔軟で独創性に富み、協調性があって上司に従順なら完璧です。では、「責任感」「正義感」とは、どのような行動のことを指すのでしょうか。一例をご紹介します。

> 責任感：最初から最後まで、一貫して職務をまっとうできる
> 正義感：立場を不正に利用せず、公明正大に判断できる
> 柔軟性：慣習にとらわれず、融通を利かせられる
> 独創性：物事の本質をとらえて、新たな道を模索できる
> 協調性：組織の構成員として、組織の目標達成に尽くせる

　現代の公務員にはお役所的な対応に偏らない柔軟性、独創性が必要なのです。もうお気づきでしょうか？　これは、民間企業が求めている人材と同じです。あえて違いを挙げるなら、公務員のほうがより厳格な人材を求めています。民間企業では個性が重視されますが、公務員は安心感、安定感が第一です。

　日本国憲法第15条第2項に"すべて公務員は、全体の奉仕者であって、一部の奉仕者ではない"とあります。公務員は利益ではなく、公共のためにこそ働くのです。この一文に込められた意味を忘れずに、信頼される人を目指してください。

Chapter 3

▶ 国家公務員の専門常識その3

歴史・社会

「公務員」という職業はいつの時代に生まれたのでしょうか？ そして現代の「公務員」が抱える問題にはどういったものがあるのでしょうか？ ここでは公務員の歴史を振り返り、過去の事例から現代の公務員のあり方を学びます。

> 歴史や過去の事例からは先人が伝えてくれた数多くの教訓が得られます。公務員はどうあるべきなのか、自分なりに考えてみることはとても大切なことなのです。

Chapter 3　国家公務員の専門常識その3　歴史・社会

律令制度から明治維新まで

- 我が国のあゆみとともにあった「公務員」
- 近代的な「公務員」は明治維新にはじまる

社会が存在するうえで欠かせない「公務」

　古来、日本の社会は、貴族、軍人、農民、商人など、異なる立場や役割の人々が活動する社会でした。そのため、社会をスムーズに動かすには命令や規則が必要となり、何らかの問題が生じれば、これらの命令や規則を活用してまとめてきたのです。公務員の歴史を考えるうえで大切なのは、**現代のような公務員は明治以前には存在していませんでしたが、「公務」は存在していた**ということです。その「公務」を担ったのが貴族か武士か、または試験で選ばれた能力のある人々（官吏）であったかという違いがあるだけです。

試験で選ばれるようになったのは明治維新から

　では、どのような人々が官僚として職務を担ったのでしょう？　歴史を振り返ると、**律令制度**といった官僚制度で役目を負っていた人のほとんどは、家柄や門閥といったコネによるものです。江戸時代には能力があれば役職に就けることもありましたが、庶民にまで門戸が開かれたのは、やはり明治維新後からだといえます。

知っておきたい用語ガイド

▶ **律令制度**
律とは刑罰を定めた決まり、令は政治の決まりごとのことです。

公務員の歴史（律令時代～江戸時代）

年表

645年（大化元年）
大化の改新ではじめて左右大臣など役職を置く

701年（大宝元年）
大宝律令が制定され、律令制度がはじまる

816年（弘仁7年）
このころ検非違使（警察業務を担当）をおく

1185年（文治元年）
源頼朝が諸国に守護地頭を置く

1232年（貞永元年）
御成敗式目制定
→公家の律令に対する武士のための法令

1603年（慶長8年）
徳川家康が江戸に幕府を開く

1634年（寛永11年）
老中・若年寄の役職を定める

幕藩体制が成立し諸藩の文治政治がはじまる

●天皇を中心とする律令制度

公務員の歴史は、701年（大宝元年）の大宝律令にはじまります。古代中国の隋や唐にならい、天皇を中心に太政官と神祇官の2つの官とその下に8つの省が置かれた二官八省で政務を行いました。律令制は奈良・平安時代を通して維持されてきました。

●律令制度の仕組み（簡略図）

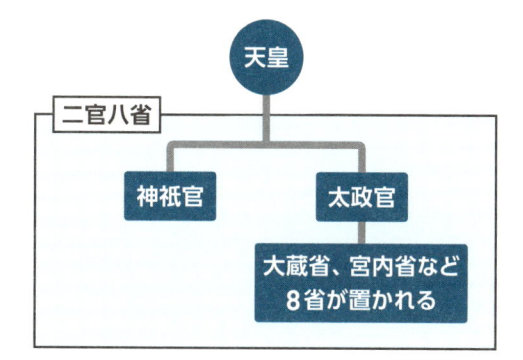

```
              天皇
               │
┌─二官八省─────┴─────┐
│   神祇官        太政官   │
│                  │      │
│          大蔵省、宮内省など│
│            8省が置かれる │
└──────────────────────┘
```

●武士が公務員だった江戸時代

江戸時代に武家政治がはじまります。武家政治では武士が官僚の役目を果たします。江戸時代では、将軍の下に大老、老中、若年寄といった官職が置かれます。治安・国防以外の財務や会計といった職務も武士が担いました。一部、能力による抜てきもありましたが、基本的には世襲でした。明治時代にはじまる「公務員」制度は、江戸時代にその基盤ができたと考えられています。

3 国家公務員の専門常識その3 歴史・社会

明治から終戦までの官吏制度

1868年（明治元年）
明治維新→新政府樹立

1869年（明治2年）
版籍奉還→二官六省を置く

1871年（明治4年）
廃藩置県
→琉球は鹿児島県に所属

1887年（明治20年）
文官試験試補および
見習規則による
試験採用がはじまる

1889年（明治22年）
大日本帝国憲法発布
→市町村制実施

大日本帝国憲法が制定
→官吏への道が
すべての国民に開かれる

●近代国家の整備を急ぎ官僚制度を創設

明治維新後、政府は近代国家としての体裁を整える必要に迫られていました。当時要職のほとんどは薩長出身者などに占められていました（藩閥政治）。これは徳川幕府が行っていたことを薩長出身者が代わってやっているだけにすぎません。

世襲や政治任用による人材だけでは、膨大な量の国家の仕事をすべて果たすことはできず、また批判も多くありました。そこで議会の定めた法律を執行する職務の人間、つまり「公務員」のニーズが高まりました。そのため1887（明治20年）文官試験試補および見習規則を定め、試験による人材発掘に乗り出したのです。文官試験は現在の国家公務員Ⅰ種に相当し、合格すると文官（行政官）、外交官といった要職に就くことができたのです。

その後、文官試験は高等文官試験（高文試験）と改められ公務員の資格任用が進みます。

官吏制度の大きな特徴は、大日本帝国憲法（明治憲法）によって主権者は天皇であり、行政機関は天皇の機関だったこと。行政機関の長である大臣はいたものの、省庁の設置などの権限は天皇にあり、議会は一切タッチできませんでした。つまり、現在の国家公務員法にあたる法律はなく、天皇の専属事項だったのです。

知っておきたい用語ガイド

▶ **資格任用**

公務員の任用を専門能力に基づいて行う制度です。能力さえあれば、基本的には誰でも公務員になれる、という競争の公平性が保たれるためのもの。公務員組織が日本と似ているイギリスでは、1855年に資格任用が制度化されています。

●明治時代の官吏制度

1893年（明治26年）	高等文官試験（高文試験）に改める
1899年（明治32年）	文官分限令により文官の身分保障が定められる
1914年（大正3年）	シーメンス事件で、ドイツ軍事産業シーメンス社からの軍艦購入に関する贈収賄事件

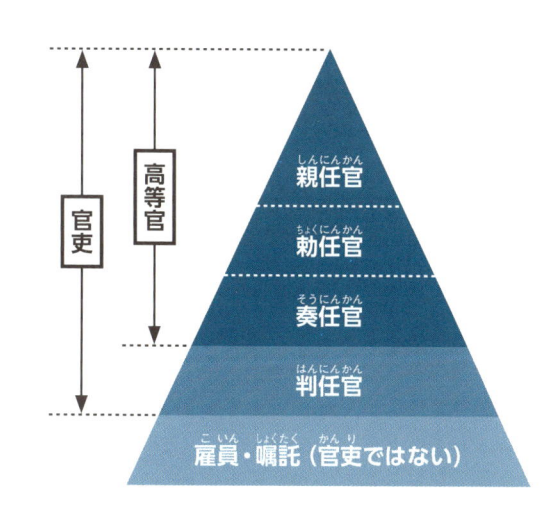

官吏のピラミッド（上から）：
- 親任官（しんにんかん）｜高等官
- 勅任官（ちょくにんかん）｜高等官
- 奏任官（そうにんかん）｜高等官
- 判任官（はんにんかん）
- 雇員・嘱託（こいん・しょくたく）（官吏ではない）

※親任官・勅任官・奏任官・判任官までが「官吏」

●「天皇の官吏」として高い社会的威信を持つ

　明治時代の公務員は「官吏」と呼ばれ、その地位や名声は高く「天皇の官吏」と称されるほどでした。文官試験合格者は上位から、親任官・勅任官・奏任官・判任官に分けられます。これら高等官と判任官を合わせたものを、官吏と呼んでいました。この区分は、職務の重要性と同時に、天皇との距離も示しており、身分的区分は絶大なものでした。その代わり、官吏は、天皇への絶対忠誠と無定量の勤務（「残業」という考えがない）を求められました。

　親任官は、内閣総理大臣や大臣、陸海軍大将といった役職を指し、任命するのは天皇。勅任官は、中央官庁の次官や局長、府県知事などです。奏任官は課長クラスに相当し、高等文官試験合格者か、東京帝国大学法科大学卒業者が主に勤めました。

　明治時代の官吏制度は、法律に定められたものではなく、天皇の勅令で定められたことも特徴のひとつです。

　なお、現在の官公庁にあたる明治時代の公務員のなかには雇員・嘱託がいました。彼らは官吏ではなく、官吏を補佐するための単なる雇い人でした。雇用期間はもちろん、使う食堂からトイレまで官吏とは異なり、今のアルバイトやパートより劣る存在でした。

戦後から昭和後期まで

1946年（昭和21年）
日本国憲法が制定される

1947年（昭和22年）
国家公務員法（フーバー勧告に基づく）が制定される

1948年（昭和23年）
2.1ゼネストなど労働争議の激化のため国家公務員による争議（ストライキ）が禁止される（国家公務員法改正）

1950年（昭和25年）
地方公務員法が制定される（内容は国家公務員法にほぼならう）

1964年（昭和39年）
第1次臨調「公務員に関する改革意見」

●「官吏」から「公務員」へ

終戦によって、日本の公務員像は大きく転換します。それまで「天皇の官吏」として国民の上に立っていた「官吏」が、新たに制定された日本国憲法第15条により、明確に国民全体の奉仕者であり、一部の奉仕者ではないと定められたのです。

さらに第99条の規定により、憲法を尊重する義務を負いました。

公務に服する人を指す「官吏」という呼称を「公務員」と呼び換えるようになったのもこの時期です。

●国民主権と公務員

日本国憲法第15条では、国民固有の権利として、公務員を選定し、罷免することを定めています。これは国民主権の基本原理を表したものです。公務員は一般の職業というよりは「公務を行う者」という位置づけとなったのです。

知っておきたい用語ガイド

▶ **2.1ゼネスト**
1947年（昭和22年）2月1日に実施される予定だったゼネラル・ストライキを、連合国最高司令官マッカーサーの指令によって中止となった出来事。

▶ **憲法第99条**
天皇をはじめ国務大臣や公務員、すべてが日本国憲法を遵守し、擁護しなければならないと定めている。

●国家公務員法の制定とストライキの禁止

憲法によって公務員の位置づけが決められ、続いて公務員の事務事項に関する法律が内閣によって処理されます（憲法第73条）。これが1947年（昭和22年）制定の国家公務員法です（詳細はP.122以下参照）。

ところが、この法律は施行された翌年の1948年（昭和23年）に改正されてしまいます。当時の日本社会は混乱を極め、全国組織を立ち上げた労働組合にはに公務員も含まれていたのです。組合側は1948年（昭和23年）2月1日に全国規模のストライキを起こすと通告していましたが（2.1ゼネスト）、GHQ（連合国総司令部）によって中止となります。そしてフーバー勧告によって公務員制度の問題点を指摘されると、労働基本権すべてを公務員に適用すれば、さらに情勢の悪化を招くとして法改正が行われたのです。これ以降は抜本的な改正は行われていません。

知っておきたい用語ガイド

▶ **憲法第73条**
内閣が行う行政事務について定義している。「法律の定める基準に従い、官吏に関する事務を掌理すること」とある。

年表：

- **1965年（昭和40年）** 国家公務員法改正により内閣総理大臣が中央人事行政機関に加えられる
- **1976年（昭和51年）** ロッキード事件 ※P.107参照
- **1981年（昭和56年）** 60歳定年制の導入 ←国家公務員法改正
- **1982年（昭和57年）** 第2次臨調基本答申←公務員の給与のあり方など議論
- **1984年（昭和59年）** 総務庁発足に伴い人事局を総務庁に移行←国家公務員法改正
- **1987年（昭和62年）** 日本国有鉄道がJRに移行 国営企業から民間企業へ ※P.112参照
- **1988年（昭和63年）** リクルート事件 ※P.107参照

国家公務員がストライキ権を持っていないことは、このフーバー勧告による昭和23年の法改正で決まりました。

平成から現在まで①

1996年（平成8年）
厚生省薬害エイズ問題が起こる
※P.107参照

1997年（平成9年）
厚生省社会福祉法人事件が起こる
※P.107参照

各省庁に公務員倫理規定が
制定される

行政改革会議最終報告で
人材の一括管理システムや
優秀な人材を採用するための
政治任用の拡大などを提言

1998年（平成10年）
大蔵省過剰接待事件が起こる
※P.107参照

防衛施設庁調達本部
背任事件が起こる

● 公務員による不祥事・事件は終わらない

　時代が平成に移っても公務員が関連する不祥事は続出しました。国家公務員に限ってみても、薬害エイズ問題、厚生省社会福祉法人事件、大蔵省過剰接待事件など、枚挙にいとまがありません。これらの不祥事は社会的に大きく取り上げられ、国民の間には政府や行政に対する不信・不満が膨らむ一方でした。こうした社会的情勢を重くみた政府は、それまでも議論されてきた公務員の倫理規定作成の動きを加速します。1999年（平成11年）に議員立法として成立した国家公務員倫理法が翌年施行されたのです。

　ただし、法律ができたからといって不祥事がなくなるわけではありません。現に、施行後も公務員が絡む不祥事は毎年といってよいほど起きています。国家公務員に対する世論の風当たりは一向に収まる気配はなく、政府はさらに改革を続けていく必要に迫られていきます。

● 公務員が率先する身近な改革

　昭和から平成にかけては行政改革が立て続けに実行されています。公務員改革もその一環ですが、そのなかにも行政の面から日本の社会のありかたを変えていく動きも盛んです。例として男女雇用機会均等法、育児・介護休業法・完全週休二日制の実施といった事例が挙げられます。こうした動きが増えることで、多くの人々が快適で充実した日々を送れて、社会が活性化するよう努力していくことも公務員の大切な仕事なのです。

1999年（平成11年）
公務員制度調査会基本答申
人事管理の見直しなどを提言

中央省庁等改革の
推進に関する方針発表
能力・実績に応じた処遇など
公務員制度改革を本部決定

2000年（平成12年）
国家公務員倫理法施行
※P.115参照

人事制度の実現など公務員制度の
抜本的改革の方針を決定

2001年（平成13年）
中央省庁等改革
1府22省庁から1府12省庁へ

2003年（平成15年）
郵便局が特殊法人
日本郵政公社になる
※P.114参照

2005年（平成17年）
道路関係4公団が民営化
※P.114参照

2006年（平成18年）
社会保険庁（当時）による
「消えた年金記録」の問題が発覚
※P.107参照

●明治以来の抜本改革〜中央省庁等改革

平成に入ってからの公務員の歴史で大きな出来事のひとつが中央省庁等改革です。2001年（平成13年）1月、森内閣発足後、それまで1府22省庁あったのを1府12省庁に編成し直します。この目的は縦割り行政による弊害をなくし、事務の効率化などを目指すものでした。

●国家公務員制度改革基本法の公布

行政の運営を担う国家公務員に関する制度が、時代のニーズからずれているという国民の批判を受けて、社会経済情勢の変化に対応したものにすることを、最大の課題として提出された法案。成立はしたものの、国家公務員制度の弊害は早くから指摘されており、戦前から続くキャリア制度や硬直した人事制度、縦割り行政の非効率な運営などの問題点が指摘されています。

●中央省庁改革等により再編された主な省庁（現行のままの省庁は省く）

再編（改名）後	再編（改名）前
内閣府	総理府本府・経済企画庁・沖縄開発庁・金融庁など
総務省	総務庁・自治省・郵政省（のちに民営化）
財務省	大蔵省
国土交通省	建設省・運輸省・国土開発庁・北海道開発庁
経済産業省	通商産業省
文部科学省	文部省・科学技術庁
厚生労働省	厚生省・労働省
環境省	環境庁

平成から現在まで②

●防衛省や新たな庁が発足

省庁等改革が行われた後の2007年（平成19年）1月、防衛庁が防衛省に昇格します。それまで防衛庁は内閣府に所属していたため、命令などの事務手続きに時間がかかることが問題とされていました。昇格はこれを是正するものとされています。また、背広組（キャリア文官）の影響力を抑え、制服組（自衛隊出身の幹部）との人事バランスの調整が図られました。

さらに、観光立国を目指すための観光庁や消費者の視線で政策全般を監視する消費者庁、東日本大震災からの復興事業を担う復興庁といった新たな行政組織も誕生しています。

このように公務員の世界も常にとどまることなく、社会の変化にあわせて、よりよいものになることを目指しているのです。

●特定秘密保護法の公布

記憶に残る出来事として特定の秘密の保護に関する法律の成立・施行があります。日本の安全保障に関する情報のうち、特に秘匿（ひとく）する必要のあるものを「特定秘密」として、秘密取扱者の適正評価と漏えいした際の罰則を定めたものです。西山事件（P.111）を参照してください。

2007年（平成19年）
日本郵政公社が民営化
※P.114参照

防衛庁が防衛省に昇格

2008年（平成20年）
国家公務員制度改革基本法公布
同法により国家公務員制度改革推進本部を内閣に設置
※P.126参照

観光庁が発足

2009年（平成21年）
消費者庁が発足

2012年（平成24年）
前年発生した東日本大震災により復興庁が発足

2013年（平成25年7月以降）
国家公務員制度改革推進本部に代わる行政改革推進本部を設置
業務を引き継ぐ

2014年（平成26年）
国家公務員法等の一部を改正する法律が成立
内閣人事局を設置
※P.128参照

特定の秘密の保護に関する特定秘密保護法の施行

公務員が関係した主な事件

ここでは、戦後から現在までの主な公務員の関係する刑事事件を説明します。公務員を目指す人間としての心構えを養う意味で知っておきましょう。なおP.110以降の事例集にも関連事例を説明していますので読んでおきましょう。

❶ ロッキード事件　1976年（昭和51年）

アメリカの航空機製造会社ロッキード社による、旅客機の受発注を巡る国際的な贈収賄事件。「総理の犯罪」として、当時の総理大臣田中角栄ほか、官僚や政治家らが贈収賄などの疑いで逮捕されました。

❷ リクルート事件　1988年（昭和63年）

リクルートの関連会社の未公開株が賄賂として使われた贈収賄事件。リクルート社長と政治家、官僚が逮捕され、一大スキャンダルとなりました。

❸ 厚生省薬害エイズ問題　1980年代～1996年（平成8年）

1980年代から1990年代にかけ、HIVウィルスに感染したと思われる血液を原料にした薬品を摂取したためにエイズに感染した血友病患者などが発生した問題です。当時の厚生省幹部職員らが、非加熱製剤の使用禁止措置をとらなかったとして逮捕されました。また、当時の菅直人厚生大臣が証拠となるファイルを省内で見つけたと発表し、大きな社会問題へと発展しました。

❹ 厚生省社会福祉法人事件　1997年（平成9年）

特別養護老人ホームの補助金交付を巡る贈収賄事件。厚生省の官僚が、補助金交付の便宜を図る見返りに、多額の現金などを受け取ったとして逮捕されました。

❺ 大蔵省過剰接待事件　1998年（平成10年）

大蔵省（現 財務省）の官僚らが、銀行への検査などを甘くする見返りに過剰な接待を受けたとして逮捕されました。

❻ 年金記録問題　2007年（平成19年）

当時の社会保険庁（現 日本年金機構）の年金記録データの喪失などずさんな管理が問われました。

Chapter 3　国家公務員の専門常識その3　歴史・社会

公務員のルーツ 科挙制度

- 科挙は国家公務員制度のお手本となっている
- 国家の発展に欠かせない制度が詰まっている

日本の公務員制度のルーツ

　科挙のすばらしさは当時の日本にも影響を与えました。平安時代、遣隋使・遣唐使らがこの制度を日本に持ち帰り、律令制度に加えたのです。しかし、当時の日本には科挙は根付きませんでした。明治維新（1868年）により新政府が誕生すると、科挙の有用性が目に留まり、高文試験といった官吏制度が生まれました。科挙はまさに我が国公務員制度の生みの親といってよいでしょう。家柄や身分ではなく、能力で選ぶ科挙は、国家を発展させるためにぴったりの制度だったのです。

家柄重視から能力重視の制度

　科挙とは人材を「試験科目で選挙する」の意味で、古代中国、隋の皇帝楊堅（文帝）によってはじめられたとされています。隋以前にも、郷挙里選や九品中正法といった人材登用制度がありましたが、いずれも縁故採用の域を出ませんでした。科挙が画期的だったのは、縁故採用をやめ、能力があり試験に合格すれば誰でも官僚になれるようにした点です。以降、科挙は清の時代まで約1,400年も続きました。

科挙の簡単な流れ

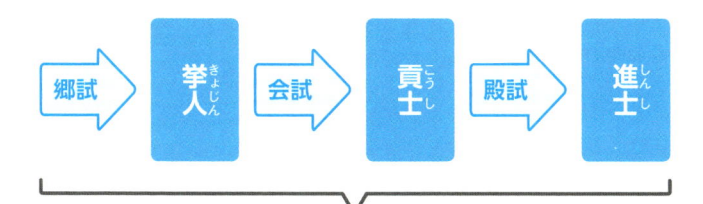

郷試 → 挙人(きょじん) → 会試 → 貢士(こうし) → 殿試 → 進士(しんし)

受験開始から進士合格まで
数10年かかることもあったといわれています

科挙のしくみ

　時代によって異なりますが、科挙は大別して郷試(きょうし)・会試(かいし)・殿試(てんし)の3段階から成り立ちます。郷試は最初の関門であり、これに受かると挙人と呼ばれ、次に会試受験資格が得られ、会試に受かれば貢士となります。最後の殿試は皇帝がいる場所で行われ、めでたく合格すれば進士と呼ばれ、高級官吏としての待遇が受けられ、その栄誉は一族に広くおよんだとされています。

- **郷試**
  科挙の中の地方試験。3年に1度の8月に省城で実施された。

- **会試**
  郷試に合格した人が、都で受験する第2の試験。

- **殿試**
  科挙制度における最後の試験で、皇帝自らが行った。

3 国家公務員の専門・常識その3 歴史・社会

Chapter 3　国家公務員の専門常識その3　歴史・社会

公務員関連事件・出来事事例集

- 過去の事件・政策などにより、公務員のあるべき姿が変化し続けている
- 「報道との共存」や「経営的視点」の難しさを理解する

事例を活かす

　日本に公務員制度が生まれてから、80年ほどの年月が経ちました。この間、公務員と公務員制度は決して安泰であったのではなく、国際情勢や社会の流れに巻き込まれ、時には緊張が、時には停滞がありました。制度が人間で運営されている以上、予期せぬ事態や状況は必ず生まれるのです。

　ここでは公務員に求められる原則から行政改革、公務員制度改革といった重要項目に関わるものを取り上げています。公務員を目指す人にとっては、公務員とは何か、行政とはどうあるものなのか考える具体的な事例集となります。

◆インデックス

- ◆西山事件 P.111
- ◆民営化した機関　JR P.112
- ◆民営化した機関　NTT P.113
- ◆聖域なき構造改革（郵政公社・道路関係4公団）
  .... P.114
- ◆「国家公務員倫理法」制定 P.115

―― 公務員関連事件事例 ――

西山事件（外務省機密漏えい事件）

DATA
【年月】1972年（昭和47年）4月4日（国家公務員法違反容疑で逮捕）
【判決】
1973年（昭和48年）5月30日最高裁が上告棄却、有罪が確定

●国家公務員による機密漏えい事件

　1971年（昭和46年）の日米沖縄返還協定に関する機密外交文書を、当時毎日新聞記者だった西山太吉が、外務省女性事務官に酒を飲ませて性的関係を結んだうえで盗み出したとされる事件。女性事務官は国家公務員法違反「機密漏えいの罪」、西山は国家公務員法違反「教唆の罪」で起訴され、1審無罪。検察控訴により2審は、被告人の2人とも有罪。判決を不服とした西山は最高裁に上告したが棄却となり、西山の有罪判決が確定した。

●知る権利・報道の自由とのかねあい

　公務員が職務上知り得た秘密と知る権利、報道の自由が争われたが、国家公務員法100条は「職員は、職務上知ることのできた秘密を漏らしてはならない。その職を退いた後も同様とする」とある。知る権利や報道の自由との線引きが難しいところだが、正当な理由のない限り、守秘義務はあるとの判決だった。

まとめ

国家公務員である限り、職務上「秘密」に接することは避けられない。ただし、国家公務員の守秘義務に対する高い倫理規範は国民からも求められている。特定の秘密の保護に関する法律（特定秘密保護法）の施行とあわせ、高い職業倫理が必要とされる。

民営化した機関事例

JR（国鉄改革）

DATA

【年月】1987年（昭和62年）4月
【民営化された機関】
国営企業日本国有鉄道からJRグループ7社へ移行

●鉄道事業の再生を図る改革

　国有の公社であった日本国有鉄道は、戦後長らく国の輸送事業者として大きな役割を担ってきた。しかし、高度成長時代を経るにつれ、自動車・トラック・航空など代替的な輸送機関が発達し、時代の変化に対応が遅れるなどして次第に経営が悪化。1986年（昭和61年）には実質的な破たん状態に陥った。そのため、鉄道事業の再生を図るべく改革が実施され、新たにJRグループ7社（JR北海道・JR東日本・JR東海・JR西日本・JR四国・JR九州・JR貨物）へと生まれ変わった。

●経営悪化の主な原因

▶ 自動車や航空に対し、有効で効率的な経営を行うことができなかった。
▶ 約40万人という膨大な数の職員を抱えた巨大組織であったこと、全国一律という硬直した運営形態により、きめ細かい経営、サービス提供ができなかった。
▶ 運賃・人事など、あらゆる面で国の規制があり、責任の所在が不明確であった。

※JRとは、Japan Railwayの略

まとめ

・コスト意識・向上性意識の欠如、無責任体制、巨大組織による意思決定の遅さ、といった公務員制度の欠点がほぼすべて出てしまった事例。
・行政が民間企業から学ばなければならないことは、まだまだ多い。

―― 民営化した機関事例 ――

NTT

DATA
【年月】1985年（昭和60年）4月
【民営化された機関】
日本電信電話公社からNTTグループへ移行

●概要と経緯

　戦前の逓信省からわかれた電気通信省から独立し公社化した日本電信電話公社は、全国均一の電話など通信サービスを行うという国策の下で発展してきた。しかし、戦後数十年を経て、その巨大な組織と法律の制約により自由に事業を行えないなどの問題点が浮かびまた非効率的な運営が問題となってきた。

　1981年（昭和56年）に発足した第2次臨調（臨時行政調査会）の答申により、旧国鉄、日本専売公社（今の日本たばこ産業株式会社）を含めた三公社の民営化が行政改革の一環として提言される。

　この後、電気通信事業法の改正により、電気通信事業に新規参入できるようになり、1985年（昭和60年）日本電信電話公社がNTTグループに分割され、部分的ながらも民営化された。

※NTTとは、Nippon Telegraph and Telephone Public Corporationの略

まとめ

政府保有株式とは、公共性の高い特殊法人などの株式を政府が保有することで、サービスの悪化や外資の参入を防ぎ、全国一律の安定したサービスを提供できることにある。NTTの政府保有株式を売却し、完全民営化することの良し悪しは、大いに議論の分かれるところである。

聖域なき構造改革

郵政と道路関係4公団の民営化

▶郵政民営化

DATA
【年月】2003年（平成15年）公社化　2007年（平成19年）民営化
【民営化された機関】
郵政省・郵便局から日本郵政など5社に分割

　1990年代後半、橋本内閣における行政改革会議の中間報告において、郵便・簡易保険・郵便貯蓄の3事業の郵政民営化を巡る議論が出た。紆余曲折の後、2003年（平成15年）に特殊法人日本郵政公社が誕生するが、小泉内閣でも民営化議論は続き、2007年（平成19年）福田内閣で日本郵政株式会社、郵便事業株式会社、郵便局株式会社、株式会社ゆうちょ銀行、株式会社かんぽ生命保険の5社が誕生した。

▶道路関係4公団

DATA
【年月】2005年（平成17年）10月
【民営化された機関】
東・中・西日本の各高速道路株式会社、
独立行政法人日本高速道路保有・債務返済機構の4つに分割・移譲

　従来、郵便事業で集められた資金は道路などの建設に使われた（財政投融資）が、コスト意識の低さから経営赤字などの問題が露出。2000年代に小泉内閣が中心となり、民営化への議論が行われる。道路公団の官製談合事件も追い打ちをかけ、2005年（平成17年）10月に民営化、分割・移譲された。

まとめ

公務員のコスト意識・倫理観の欠如、天下り、族議員、ファミリー企業といった問題が肥大化し、手に負えなくなった見本である。

― 法制度の制定 ―

「国家公務員倫理法」制定

DATA 【年月】2000年（平成12年）4月1日施行

●概要と経緯

　国家公務員の職務にかかわる倫理の保持を求め、制定された法律。そのきっかけの一つが、1998年（平成10年）の大蔵省過剰接待事件と言われる。この事件では当時の大蔵大臣と日本銀行総裁も引責辞任をしている。

　こうした一連の事件によって、国民だけでなく、国会議員からも何らかの公務員の倫理規定を求める動きが起こり、議員立法だったものが、さらに全党一致で法律として可決成立した。

　2002年（平成14年）、経団連から、この法律の解釈・運用に誤解や過剰反応が見られ、企業関係者と公務員の間に意思の疎通が通りにくくなってしまったとの報告がなされ、さらに人事院も、この法律の解釈・運用の誤解・過剰反応の払しょくに力を入れるといった活動がなされている。

　この法律の目的は「国民全体の奉仕者であって〜中略〜職務の執行や公正さに対する国民の疑惑や不信を招くような行為の防止を図り、もって公務に対する国民の信頼を確保することを目的とする」（第1条総則より）となっている。

まとめ

公務員の汚職はたびたび社会問題となり、公務員倫理に関わる何らかの法的規制が必要といわれていた。行政と公務員に対する信頼は低下しているが、回復への努力は今後も続けなくてはならない。

歴史・社会 理解度チェック問題

問1 以下の文章を読んでカッコ内に適切な語を入れ文章を完成させなさい

　日本の官僚組織である公務員制度の歴史を振り返ってみると、「公務員」という言葉ができたのは終戦後であり、それ以前には官吏と呼ばれていた。もっとも官吏の語句も（ア）時代以降である。しかし、それ以前に「公務員」的存在がいなかったわけではない。たとえば奈良・平安時代にあった（イ）制度は天皇を中心とし、二官八省を置いた我が国初期の官僚組織である。

　日本に近代的な官僚制度が生まれたのは戦後であるが、現代と違い官僚は（ウ）に仕えていたといってよい。「（ウ）の官吏」と呼ばれていたほど高い社会的威信を与えられていたのである。官吏になるには（エ）文官試験に合格しなければならなかった。

　この制度の特徴は官吏に身分的区分があったことである。身分的区分とは実際は（ウ）との距離を指す。もっとも距離が近かったのは（オ）官と呼ばれ、以下（カ）官、奏任官で、ここまでが（エ）官であり、それ以下の判任官はただの官吏であった。

　もう一つの特徴は、（エ）文官試験や身分保障といった制度が、（ウ）の出す勅令によって定められていたことである。つまり、現代の国家公務員制度では、選挙で選ばれた議会によって承認された法律＝国家公務員法により身分保障がなされているのである。公務員は国民に対して奉仕する存在であるのに対して、終戦までの官吏制度は、（ウ）の出す勅令によって定められていたので、官吏は国民に奉仕するのではなく、（ウ）に奉仕する存在だったことだ。国の主権は（ウ）にあったのである。

答え

問1 （ア）明治　（イ）律令　（ウ）天皇　（エ）高等　（オ）親任　（カ）勅任

問2 以下の文章を読んで答えなさい

❶ 2001年（平成13年）に行われた中央省庁等改革では1府22省庁から（ア）府（イ）省庁に変わった。（ア）、（イ）に入る数字を答えよ。

❷ 明治時代の官吏制度について、次のうち「高等官」とされなかったものはすべて答えよ。
A 嘱託　B 判任官　C 親任官

❸ 個人的な思惑や情実などによる政治任用に対し、試験といった明確な基準に基づいて登用する任用法を何と呼ぶか。

❹ 明治時代の官吏制度について正しく述べたものはどれか答えよ。
A 雇員は官吏であった。
B 天皇に対し絶対の忠勤を求められたが、その分、恩給など待遇や社会的名声は高かった。
C 官吏制度は最初から試験採用で、1887年（明治20年）の最初に行われた試験は高等文官試験と呼ばれた。

❺ 国家公務員法は1947年（昭和22年）に改正されたが、それはGHQの方針に反対してなされた。○か×か。

❻ 明治時代の官吏制度はその身分的保障、採用方法などすべて法律に基づいて行われていた。○か×か。

❼ 1987年（昭和62年）に行われた国鉄改革の主な原因でないものはどれか。
A 自動車や航空機といった他の輸送手段による業績の低迷。
B 当時開発していたリニアモーターカー事業の失敗。
C 国営企業なので運賃や人事などさまざまな規制があり、また膨大な職員を抱えており、柔軟で効率のよい経営ができなかった。

答え

問2 ❶（ア）1（イ）12　❷ A、B　❸ 資格任用　❹ B　❺ ×　❻ ×　❼ B

問3　以下の文章が示す適切な語句を答えなさい

❶ 2007年（平成19年）に庁から省へ昇格した機関は？

❷ 2008年（平成20年）に誕生した観光立国を目指すための総合的な推進を図る省庁の名称は？

❸ 消費者の視線で政策全般を監視する省庁の名称は？

❹ 2013年（平成25年）夏に設立期限を迎えた、国家公務員制度改革基本法推進本部に代わる部局の名称は？

❺ 2014年（平成26年）に、国家公務員法等の一部の改正に際して誕生した部局名は？

❻ 国家公務員の倫理規範の向上を目指して、1999年（平成11年）に制定された法律の名称は？

❼ 2014年（平成26年）に施行された法律の名称は？　日本の安全保障に関わる情報を特定秘密として取り扱うことなどを規定した。

❽ 1987年（昭和62年）に発足した民間グループ企業は？　前身は日本国有鉄道。アルファベットで答えなさい。

❾ 1981年（平成56年）に改正された国家公務員法では（　　）が新たに導入された。カッコ内に入るのは次のどれか答えなさい。
A 完全週休二日制　B 60歳定年制　C フレックスタイム制

❿ 国家公務員の憲法擁護義務を定めたのは憲法第（　　）である。カッコ内に入るのは次のどれか答えなさい。
A 15条　B 9条　C 99条

答え

問3 ❶ 防衛省　❷ 観光庁　❸ 消費者庁　❹ 行政改革推進本部　❺ 内閣人事局　❻ 国家公務員倫理法　❼ 特定の秘密の保持に関する法律（特定秘密保護法）　❽ JR　❾ B　❿ C

問4　以下の文章が示す適切な語句を答えなさい

❶ 1947年（昭和22年）の国家公務員法で改正された公務員の権利のうち禁止されたものは次のどれか答えなさい。
　A 団結権　B 公務員の基本的人権　C 争議権

❷ 明治時代の官吏制度の中で高等官ではないものは次のどれか答えなさい。
　A 勅任官　B 親任官　C 判任官　D 奏任官

❸ 2000年代の小泉内閣時に、郵政など行政改革で唱えられたキャッチフレーズは何か答えなさい。

❹ 日米沖縄返還協定に際して交わされた外交機密文書に関して、機密漏えい罪などに問われた事件名を答えなさい。

❺ 日本の公務員制度が手本とした古代中国の官吏登用制度の名称は？

❻ ❺の制度で中国皇帝臨席の下で行われた試験を何と呼ぶか答えなさい。

❼ 1985年（昭和60年）、日本電信電話会社が民営化され、新たに（　　）というグループ企業が生まれた。カッコ内の名称をアルファベットで答えなさい。

❽ 東日本大震災の被災地復興を掲げ、誕生した新しい省庁は何か答えなさい。

❾ 1950年（昭和25年）に制定された法律で、内容はほぼ国家公務員法を踏襲した法律を何と呼ぶか答えなさい。

❿ 明治時代の官吏はその絶大な権威と身分から「（　　）の官吏」と称された。カッコ内に適切な語句を答えなさい。

答え

問4 ❶ C　❷ C　❸ 聖域なき構造改革　❹ 西山事件（外務省機密漏えい事件）　❺ 科挙　❻ 殿試　❼ NTT　❽ 復興庁　❾ 地方公務員法　❿ 天皇

Column 4

説明会・セミナーに参加しよう

　各機関で説明会やセミナーが開催されています。実務に励む公務員から現場の話を聞く絶好の機会なので、必ず参加することをおすすめします。特に国家公務員（一般職）の第一次試験合格者を対象に開催される官庁業務合同説明会は重要とされています。各機関の詳細な業務内容を確認できるばかりか、職員と知り合っておくことは後々の官庁訪問に役立つ可能性もあります。

　参加にあたっては面接試験と同様にとらえるべきです。特に立ち居振る舞い、身だしなみには気をつけましょう。「静かに自然な笑顔であいさつする」「相手（職員やほかの就活生）の話に対してしっかりとうなずく」ように意識することがコツです。質問をする場合は、仕事内容などを事前リサーチしておき、複数の質問を用意して臨みましょう。

　説明会・セミナーの情報はサイト『国家公務員試験採用情報NAVI』にまとまっています。各種パンフレットなども閲覧できますので、活用してみてください。

説明会・セミナー準備チェックリスト
- ☐ 説明会・セミナー情報をきちんと確認したか
- ☐ 電話予約が必要かどうか確認したか
- ☐ 職業研究を行ったか
- ☐ 質問したいことをまとめているか
- ☐ スーツや靴など、きちんと整えているか

Chapter 4

▷ 国家公務員の専門常識その4

法律

一般職国家公務員は、すべて国家公務員法に従って、職務を行います。国家公務員制度改革基本法は、公務員制度の改革について基本的な事柄を定めた法律です。この2つの法律を軸に国家公務員のあり方について考えていきましょう。

> 国家公務員法から公務員の目指す姿が見えてきます。公務員としての心構えやあり方を知ることで、さらに公務員の仕事への理解が深まります。

Chapter 4　国家公務員の専門常識その4　法律

国家公務員法と地方公務員法

- 国家公務員法とは、職務や身分といった根本的な基準を定めた法律
- 地方公務員法との相違点を知っておく

公務の民主的かつ能率的な運営を保障

　公務員の位置づけは日本国憲法第15条により「**全体の奉仕者**」とされていますが、国家公務員の職務や身分といった根本的な基準を定めた法律は、1945年（昭和20年）に公布された**国家公務員法**です。国家公務員法では、**各省大臣が任命権者**とされ、国家公務員が守るべき諸原則が定められています。採用は競争試験によるとする**成績主義原則**、法律に定める要件に合致しなければみだりに解雇されない**身分保障の原則**、職務を分析しこれに応じて給与を支給する**職務給の原則**、**政治的行為の制限**、**ストライキの禁止**、**信用を失墜させる行為の禁止**、**守秘義務**といった厳格な服務規定が定められています。

　第3条では中央人事行政機関である人事院について規定されています。人事院は給与や勤務条件・待遇の勧告、不服申し立て、採用試験といった国家公務員の人事に関する業務を行う機関です。公正を保つため内閣から独立して権限を行使することができます。国家公務員には争議権といった労働基本権が制約されているため、代わりの措置として人事院が設置されています。なお地方公務員の場合、人事委員会と公平委員会が人事院に相当します。

　こういった規定があるからこそ、「公務の民主的かつ能率的な運営」（第1条）が可能とされているのです。

国家公務員法（抜粋）

第27条
すべて国民は、この法律の適用について、平等に取り扱われ、人種、信条、性別、社会的身分、門地又は第38条第5号に規定する場合を除く外政治的意見若しくは政治的所属関係によって、差別されてはならない。
➡ 地方公務員法第13条「平等取扱の原則」

第33条
すべての職員の任用は、この法律及び人事院規則の定めるところにより、その者の受験成績、勤務成績又はその他の能力の実証に基づいて、これを行う。
➡ 地方公務員法第15条「任用の根本基準」

第36条
職員の採用は、競争試験によるものとする。ただし、人事院規則で定める場合には、競争試験以外の能力の実証に基づく試験の方法に寄ることを妨げない。
➡ 地方公務員法第17条「任命の方法」第18条「競争試験及び選考」

■任用とは、職員の採用、人事、昇任・昇格などを合わせた概念。また競争試験の目的と方法に関しては、地方公務員法第20条「競争試験は、筆記試験により、もしくは口頭試問及び身体検査並びに人物性行、教育程度、経歴、適性、知能、技能、一般知識、専門的知識及び適応性の判定方法により、又はこれらの方法をあわせ用いることにより行うものとする」とあります。

📝 MEMO　地方公務員法

地方公務員に関する基本的なことを定めた法律（昭和26年に施行）。基本的な内容は国家公務員法を踏襲しています。国家公務員法との違いは下記の点です。

・**給与条例主義**（第24条）
　給与は住民の代表である議会が可決した条例で定める
・**労働基準法の一部適用**（第58条）
　（市営バスの運転手といった現業職員は労働基準法の適用を受けます）

労働基準法は一般職国家・地方公務員は適用されません。特別職国家・地方公務員は適用されます。適用されないからといって超過勤務が許されるわけではなく、ほかの法律でこれに相当する事柄が定められているので必要ないという意味です。

国家公務員法3つの原則

国家公務員法

平等取扱の原則
（第27条1項）

国民全員を平等に取り扱う。

人事管理の原則
第27条2項

資格任用（業績主義・試験合格など）で政治任用を制限。さらに第54条により採用昇任等基本方針が定められ任命権者はこれに従い任用する。

情勢適応の原則
第28条1項

給与・勤務時間など勤務条件は、社会情勢に適応させることができ変更可能。

法の対象

これまでに行われた、主な法改正は下記のものです。

- **争議（ストライキ）の禁止**（昭和23年改正）
→代わりの措置として人事院による給与の見直しが毎年1回行われます。

- **ILO条約に批准した措置として内閣総理大臣を中央人事行政機関に置く**
（昭和40年改正）

- **60歳定年制**（昭和56年改正）

> なお、国家公務員法が適用されるのは**一般職**だけです。特別職にはそれぞれ個別の法（自衛隊法など）が対応します。

国家公務員の特徴

❶成績主義
試験成績や勤務成績など、誰が見ても分かる実証的な能力に基づく試験で採用されます。

❷身分保障
意に反する形での降格人事や休職、免職はできないことが定められています。

❸政治的行為の禁止（第102条）
国民全体の奉仕者だからです。選挙で一方の候補者を応援するといった政治的行為も制限されています。

❹信用失墜行為の禁止（第99条）
公務員は国民の模範となるべきという考え方です。

❺守秘義務（第100条）
職務上知り得た秘密は守らなければなりません。

❻営利企業への就職の制限と兼業の禁止（第103条）
公務の中立性・公平性を担保するためにアルバイトは禁止。

国家公務員と労働基本権の関係

	団結権	団体交渉権	協約締結権	争議権
非現業職 事務職・技術職など	○ （警察など職員を除く）	△ 交渉は可能	×	×

Chapter 4　国家公務員の専門常識その4　法律

国家公務員制度改革基本法と内閣人事局

- 公務員制度の問題点を理解する
- 制度改革には何が必要か理解する

国家公務員制度改革基本法のあらまし

　国家公務員が「能力を高めつつ、国民の立場に立ち、責任を自覚し、誇りを持って職務を遂行する（同法律の目的）」ことができるよう、必要な制度改革の基本的な理念や方針を決め、総合的に推進することを目的とする法律です。2008年（平成20年）に公布されました。まずは法案成立の経緯を見てみましょう。

国家公務員制度改革基本法の成立経緯

2008年（平成20年）4月	福田康夫内閣が衆議院に法案提出
2008年（平成20年）5月	衆議院本会議可決。参議院に送付
2008年（平成20年）6月	参議院本会議可決。法案成立 公布。国家公務員制度改革を総合的かつ集中的に推進するために、内閣に「国家公務員制度改革推進本部」を設置
2013年（平成25年）7月	国家公務員制度改革推進本部の設置期限。現在は行政改革推進本部に引き継がれている国民本位で、時代に即した合理的かつ効率的な行政を実現するための業務を遂行している

これまで指摘された国家公務員制度の主な問題点

1. キャリア制度と呼ばれる特権的公務員のほか、硬直した人事制度全般
2. 退職後の公務員の問題（天下りや早期退職勧告制度について）
3. 省庁間の縦割り行政
4. 労働基本権の問題（公務員には争議権が認められないが、国家公務員制度改革基本法はこの問題には触れていない）

国家公務員制度改革基本法の主な内容

何を改革するのか？

- 国家公務員の能力を高める
- 国家公務員が国民の目線で責任や倫理観を持ち、職務を果たすよう質を高める

そのためにはどうするのか？

- 基本理念・基本方針を定める
- 上記の課題解決を実際に進めていくために国家公務員制度改革推進本部を設置する
→国家公務員制度改革推進本部の設置期限が2013年（平成25年）に切れ、現在は行政改革推進本部（本部長は内閣総理大臣）が受け継いでいる

これまでに行われた、あるいは現在進行中の主な改革

- 内閣人事局の設置（2014年）（中央省庁幹部職員の人事一括管理など）
- 各種会議を開催し、有識者など国民の広くから意見を集め提案をしてもらう（「国・行政のあり方に関する懇談会」など）
- 公務員採用試験の見直し

MEMO　資格任用と政治任用—国家公務員法の根幹

資格任用とは、たとえば試験に合格したという事実が職務に就くことを保証する「資格」となり、その資格をもって任命することです。これに対し政治任用とは、たとえばアルバイトで入った人を仕事ができるから○○店の店長に抜てきする、戦国大名がたくさんの敵を打ち取った武士をほうびとして大将に命ずるといった、特に明確な基準がないのに政治的権力を持つ人間が、ある人をその仕事に任命するといったものです。現在の主要先進国のほとんどは、政治任用ではなく資格任用で人材の登用を行っています。

内閣人事局

　2014年（平成26年）に内閣官房内に設置された新しい行政機関です。国家公務員の戦略的な人事管理を目的とした機関で、中央省庁幹部職員人事の一元管理のほか、今まで人事院や総務省が行っていた定員管理といった人事行政も行います。公務員制度改革の目標の一つである「**省庁による縦割り行政をなくし、優秀な人材を適材適所に配置する**」ことに向けた大きな一歩といえます。

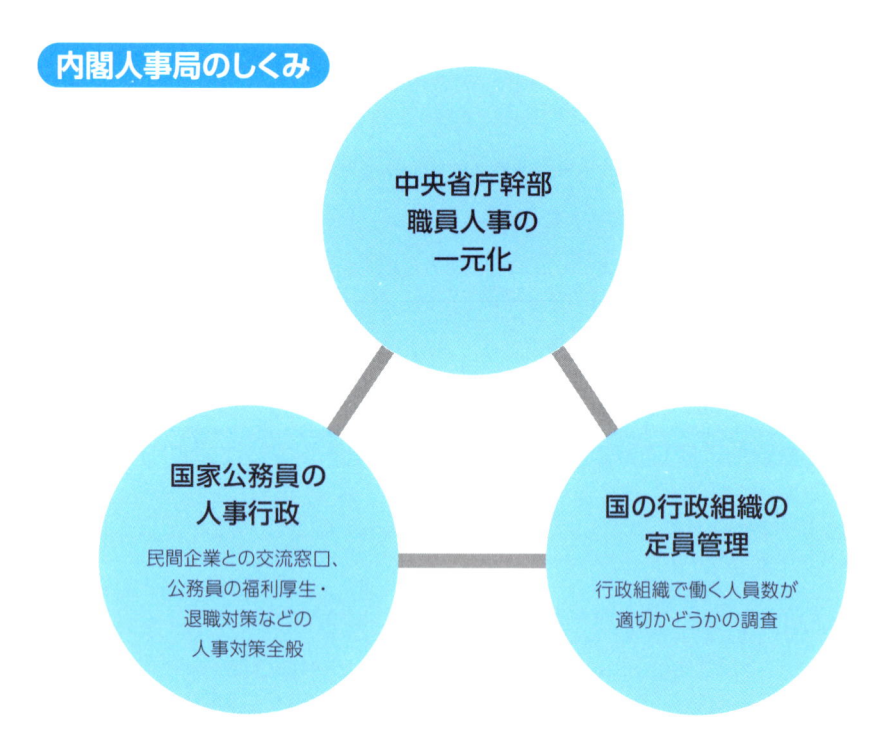

内閣人事局のしくみ

- **中央省庁幹部職員人事の一元化**
- **国の行政組織の定員管理**
  行政組織で働く人員数が適切かどうかの調査
- **国家公務員の人事行政**
  民間企業との交流窓口、公務員の福利厚生・退職対策などの人事対策全般

内閣人事局のまとめ

【設立年月】　2014年（平成26年）5月
【設立目的】　国家公務員の戦略的人事管理
　　　　　　（中央省庁幹部職員の人事管理一元化など）

公務員と天下り

天下りとは?

　公務員が定年退職などで辞めた後、出身省庁の関連する企業・団体に再就職することをいいます。たとえば国土交通省の職員が退職後、民間の建設会社に就職(特に理事や取締役といった役職)することです。

天下りの原因

● **早期勧奨退職の慣行**
　主にキャリア(Ⅰ種試験合格者)組に見られます。キャリア組は入省後しばらくは、一律に昇進しますが、その後競争に敗れ退職する人が出てきます。その際、出身省庁が再就職の世話をするという図式です。

天下りの問題点

● **省庁と天下りをした企業との間になれ合い(癒着)が起こりやすい**
　天下りを複数回行うことで、就職→退職(退職金をもらう)、再び就職→退職(ここでも退職金をもらう)という図式が生まれます。つまり、退職金が何回も同じ人に支払われることにより、無駄な退職金(出どころは税金が多い)が支払われ、最初から天下るつもりで役職があるのではないか、という疑惑を生みやすいのです。

天下りをなくすために

　公務員の再就職を禁止すればよいかもしれませんが、再就職そのものは、憲法の「職業選択の自由」により禁止することはできません。天下りを受け入れる側にとっても、許認可といった職務に内通した人物が会社に入ってくることは望ましく、メリットがあり、一律に禁止することは難しいといえます。
　2007年(平成19年)の国家公務員法改正では、退職後2年間は、それまでの5年間の地位と関係する民間企業への再就職を禁止する規定ができました。ただし人事院では、機密漏えいがないと判断されれば、退職後2年間を経ていなくても再就職可能としています。
　単純に早期退職勧奨をなくせば済む問題でもなく、今後も国民の意見を聞きながら考えていかなければなりません。

法律 理解度チェック問題

問1 以下の文章は国家公務員に関する文章です。空白ア〜コに入る言葉を語群A〜Kのなかから答えなさい

　現代の公務員制度は昭和　ア　年に制定された国家公務員法に基づいている。その前年には　イ　が公布されており、そこでは第　ウ　条によって公務員は「　エ　の奉仕者」と位置づけられている。国家公務員法には、公務員の守るべき原則がいくつか定められており、競争試験による採用の　オ　原則、法律に定める要件に合致しなければ勝手に解雇されない　カ　の原則、職務給の原則、政治的行為の制限、信用行為失墜の禁止、　キ　の禁止、守秘義務といった厳しい服務規定が記載されている。

　次に国家公務員と地方公務員の違いを法律面から見る。地方公務員法は国家公務員法の後に制定されたもので、その内容はほぼ国家公務員法と同じだが、若干違いがある。その一つが給与の取り扱いである。国家公務員では給与を決めるのは国家公務員法によって　ク　が行うわけだが、　ク　にあたる機関がない地方公務員の場合、地方公務員の給与は議会が承認した　ケ　で定める。これを　コ　と呼ぶ。

A：ストライキ　B：全体　C：22　D：40　E：給与条例主義　F：15
G：身分保障　H：日本国憲法　I：条例　J：人事院　K：成績主義

答え

問1 (ア) C　(イ) H　(ウ) F　(エ) B　(オ) K　(カ) G　(キ) A　(ク) J　(ケ) I　(コ) E

問2 以下の文章の空白ア〜エに入る言葉を語群A〜Dのなかから答えなさい

国家公務員法にはさまざまな事柄が規定されているが、第27条・28条では、職員に適用される基準について細かく規定されている。

第27条では、国家公務員はすべての国民を平等に取り扱わなければならない　ア　原則が定められている。これは人種や信条、性別や社会的身分といったもので、その取り扱いを差別してはならないというものである。

また、第27条2項には、　イ　の原則が定められている。これは職員を採用した後、その職員をどういう職務に配置するかといった人事を適切に行わなければならないとするものである。さらに同法では第54条で　ウ　等基本方針を定めている。条文には「公務の能率的な運営を確保する観点から〜（中略）〜職員の採用、昇任、降任及び転任に関する制度の適切かつ効果的な運営を確保するための」方針とあり、任命権者はこの方針に従わなければならない。

第28条では　エ　の原則が述べられている。つまり国家公務員はストライキといった労働基本権の制限があるので「給料を上げろ」といった要求ができない。その代わりに人事院が、給与や勤務時間といった勤務条件の良し悪しを、社会（民間企業）と比べて調整すると規定されている。

A：採用昇任　　B：情勢適応　　C：平等取扱　　D：人事管理

答え

問2（ア）C　（イ）D　（ウ）A　（エ）B

問3 以下は国家公務員制度に関する文章です。文章を読んでア〜オに入る語句を答えなさい

　現在の国家公務員制度は数多くの問題点を抱えている。そのひとつが、戦前の官吏制度を引きずっているキャリアと呼ばれる国家公務員試験Ⅰ種合格者に関するもの。このキャリアとそうでないⅡ種・Ⅲ種合格者（　ア　）との間では昇進のスピードなど大きな違いがあり、現在も続いている。

　また、省庁の　イ　も批判されている。これは組織が上下の間だけで運営されており、横の連絡がない状態をいう。

　たとえば同じ道路でも、県道は県の管轄、市道なら市の管轄、そして県道のすぐ横に並んで走っている農道は国土交通省の、といったような状態を指す。これにより道路を補修する場合、県道なら県、市道なら市、農道なら国土交通省へそれぞれ要求しなくてはならず、非効率を生みだす原因とされる。

　また、国家公務員法の改正は、いく度にもわたり行われているが、中央行政人事機関に関する改正も大きなものであった。中央行政人事機関とは、国家公務員法で規定された国家公務員の人事に関する基準や調整を行うものであり、人事院と　ウ　が規定されている。

　このうち　ウ　の規定は、1965年の改正により新たに加えられた。国家公務員法と　エ　法により国家公務員倫理審査会が設置することが決められており、この審査会は人事院に設置されている。　エ　法は何度も議論されてきた国家公務員の不祥事に対する措置として施行された法律で、第5条に　オ　が定められている。　オ　では職員による国民の疑惑や不信を招くような行為の防止に関する文言が述べられている。

A：内閣総理大臣　　B：国家公務員倫理規定　　C：縦割り行政
D：ノンキャリア　　E：国家公務員倫理

答え

問3（ア）D　（イ）C　（ウ）A　（エ）E　（オ）B

問4 以下の文章を読んで正しい語句を文章末尾の選択肢から選び、AかBで答えなさい。

❶ 2014年（平成26年）に内閣官房内に新設された行政機関。
A 内閣人事局　B 国家公務員制度改革推進本部

❷ 公務員が定年退職の後、出身省庁と関連のある民間企業に理事や取締役として再就職することを俗に何と呼ぶか。
A 天下り　B 出向

❸ 国家公務員制度を改革するため、2014年（平成20年）に公布された法律の名称は何か。
A 公務員行政改革推進法　B 国家公務員制度改革基本法

❹ 国家公務員制度改革基本法によって当初設置された事務局は期限が切れ、その後、引き継いだ事務局の名称を答えなさい。
A 行政改革推進本部　B 国家公務員制度改革推進本部

❺ キャリア公務員の問題として、彼らの同期のひとりが次官に昇進すると、ほかの同期職員が一斉に退職してしまう。こうした状態の退職が長期間続いてきたが、これを何と呼ぶか。
A 早期勧奨退職　B 天下り

❻ 行政組織が上下の間だけ運営され、横のつながりがないことを俗に（　　）行政と呼ぶ。
A 横割り　B 縦割り

❼「地方公務員の現業職は労働基準法が適用される」。○か×か。
A ○　B ×

答え

問4 ❶A ❷A ❸B ❹A ❺A ❻B ❼A

Column 5

国家公務員試験の大幅改革

　不況や雇用不安が続くなかで、公務員への厳しい批判の高まりを受けて公務員制度を変える動きが出ています。この流れの中で、近年国家公務員の試験が以下のように大幅に改革されました。

変更された5つのポイント

❶ 能力・実績に基づく人事権利への転換
キャリア志向やシステム化された今までの採用試験体系を根本的に見直す。採用後の能力の発揮や、実績に応じた適正な昇進選抜を実現することで、能力に基づく人事を行う

❷ 新たな人材供給源に対応した試験体系
(1) 総合職試験に専門職大学院を含む大学院修了者を対象とした院卒者試験を設ける
(2) 院卒者試験に新司法試験合格者を対象とした「法務区分」を設ける

❸ 多様な人材確保に結びつく試験体系
(1) 総合職試験に、企画立案に関わる基礎的な能力の検証を重視した「教養区分」を設ける
(2) 一般職試験に「社会人試験（係員級）」を設ける
(3) 専門職試験に、国税専門官採用試験など現行の各種試験に加え、新たに専門的な職種を対象とした採用試験を設ける
(4) 民間企業等での経験を有する者を係長以上の職に採用するため「経験者採用試験」を設ける

❹ 能力試験の改善
(1) 知識よりも論理的思考力・応用能力の検証に重点を置いた「基礎能力試験」を設ける
(2) 人物試験をより的確に行うため「性格検査」を実施
(3) 総合職試験の院卒者試験および大卒程度試験「教養区分」に、政策の企画立案能力およびプレゼンテーション能力を検証する「政策課題討議試験」を導入

❺ 中立・公正な試験の確保

- Ⅰ種試験
- Ⅱ種試験
- Ⅲ種試験
- その他の採用試験
  （国税専門官等計12種類）

➡

- 総合職試験
- 一般職試験
- 専門職試験
- 経験者採用試験

Chapter 5

▷ **覚えておきたい基礎知識**

公務員採用試験

国家公務員の採用試験の場合、募集区分や受験資格、試験種目、出題科目などは、年度によって変更される可能性があります。受験する試験の情報を早めに入手して確認するなど、周到な準備と努力が合格への鍵となってきます。

> 公務員採用試験は科目も多く、試験ごとの対策が必要です。事前に情報を集めて、効率よく学習していくことが何よりも大切になります。

Chapter 5　覚えておきたい基礎知識　公務員採用試験

専門試験

- 試験区分に応じて出題科目・内容が決められている
- 上手に試験科目を選択して勉強の効率化をはかる

科目数が多い専門試験。効率的な勉強が鍵

　専門試験とは、政治学や憲法、経済学など、職種に深く関わる分野の学問についての試験です（P.137図表参照）。国家公務員の総合職と一般職どちらにしても、教養試験より専門試験が重視されています。たとえば、国家公務員一般職の大卒程度（行政）の試験範囲は下記のとおりです。

> 政治学、行政学、憲法、行政法、民法（総則及び物権）、民法（債権、親族及び相続）、ミクロ経済学、マクロ経済学、財政学・経済事情、経営学、国際関係、社会学、心理学、教育学、英語（基礎）、英語（一般）

　科目数が多く、どこから勉強したらいいのか途方に暮れてしまうというのが本音でしょう。これらの中では憲法、行政法、民法、経済学は必ず押さえておきましょう。そのほかは併願する試験で重なっている科目を調べて勉強すれば、効率的に得点が稼げるでしょう。
　ちなみに行政区分の場合は、上記の多肢選択式試験のみ。機械区分だと機械工学に関する領域の記述式試験があったり、建築区分だと建築設計図を書かせる試験があったりします。

事務系職種の科目例

行政系科目	政治学、行政学、社会学、社会政策、社会事情、国際関係など
法律系科目	憲法、民法、行政法、商法、刑法、労働法、国際法など
経済系科目	経済学、経済原論、財政学(公共経済)、経済学史、経済政策、経済事情、計量経済学、統計学、国際経済学など
商学系科目	経営学、会計学など

技術系職種の科目例

土木職	数学や物理など工学に関する基礎、構造力学、水理学、土質力学、土木材料、土木設計、土木施工、土木計画、測量、都市計画、環境工学、衛生工学など
建築職	数学や物理など工学に関する基礎、建築構造、構造力学、建築材料、建築施工、建築設備、建築史、建築計画、都市計画、環境工学など
電気・電子職	数学や物理など工学に関する基礎、電磁気学、電気材料、電気回路、電気計測・制御、電力工学、電子工学、電気機器、電子回路、通信工学、情報工学など
機械職	数学や物理など工学に関する基礎、機械力学、材料力学、熱工学、流体力学、機械工学、機械設計、機械材料など
化学職	数学・物理、物理化学、無機化学、有機化学、分析化学、工業化学、生物化学、化学工学など
農学・農業職	栽培学汎論、作物学、園芸学、育種遺伝学、植物病理学、植物生理学、土壌肥料学、昆虫学、畜産一般、農業経済一般など

知っておきたい用語ガイド

▶ 記述式専門試験

理解力や文章表現、思考過程などを見るために、専門科目に関するテーマについて800〜1600字程度の文章で、自分の考えや見解を記述させる試験。試験によっては定規などが必要になる場合もあります。

Chapter 5　覚えておきたい基礎知識　公務員採用試験

教養試験

- 地方公務員試験と共通して出題される最初の関門
- 高校で履修する程度の内容から出題され基礎学力が問われる

一般知識分野と一般知能分野

　教養試験（基礎能力試験）は、一般知識分野と一般知能分野の2つの分野から出題されます。その多くは五肢択一式のマークシート方式を採用しています。この試験で主に試されているのは、多様化・複雑化している公務員の仕事を遂行するのに必要な基礎的知識をきちんと備えているかです。

　一般知識分野の試験内容は、高校までに学んだ知識が身についていれば、ある程度対応できる内容です。一般知能分野の出題は、公務員試験に特有の分野・形式の問題。身につけた知識を実際に使いこなすための判断力や応用力が問われるものであり、決められた短い時間の中で正確に解答を導き出す能力も必要です。なお、五肢択一式の試験以外に記述式や短答式のスタイルで問う試験もあります。

教養試験・基礎能力試験の科目（共通）

一般知識

- 社会科学 …… 政治、経済、社会、時事など
- 自然科学 …… 数学、物理、化学、生物、地学など
- 人文科学 …… 日本史、世界史、地理、文学と芸術、思想など

一般知能

- 数的推理 …… 四則計算、不定方程式、整数関係、平均値の処理など
- 判断推理 …… 形式論理、位置関係、立体構成、順序関係、対応関係など
- 文章理解 …… 現代文、英文の要旨把握など
- 資料解釈 …… 表やグラフから傾向や結論を導き出す問題

社会科学(政治経済)

▶ 公務員と政治は密接な関係

社会科学の科目では、政治経済に関する問題がとても多く出ます。政治分野では**日本国憲法**に関する出題が多く、公務員になったときに業務に直接関係してきます。そのため、ただ学習するだけでなく、自分の問題意識も持ちながら勉強すると公務員になった後も役立ちます。経済学は**日本とその他主要国の経済・金融情勢など時事的な問題**が多く出ます。

社会科学のチャート分析

（レーダーチャート：重要度 大、難易度 難、出題範囲 広、思考力 要、学習効率 低）

💡 学習ポイント

憲法・民法
憲法は大まかに人権と統治機構に二分され、人権では精神的自由に関する出題や、統治機構では国会と司法権などの頻出テーマを中心に覚える。民法は、ひと通り条文を読みこんでおく。

経済問題
少し前に話題になったニュースから現在までを挙げる

社会学
著名な学者と学説、およびその内容やポイントとなる用語を覚える

時事的問題
ニュースや新聞、テレビなどの時事情報を毎日チェックする

■ 時事問題や、そこから派生した問題が多く出されるため、新聞やテレビのニュースなどで多く取り上げられる用語を覚えるのが有効な試験対策となります。

自然科学

▶理数系の知識が問われる

自然科学とは数学・物理・化学・生物・地学の理数系科目で構成され、科学的で合理的な知識が必要とされます。文系の人のなかには、最初から捨て科目としてあきらめてしまう人もいますが、全体的に暗記する量が少なく問題の難易度が低いことから、きちんと勉強すればある程度の得点が確保できる科目です。

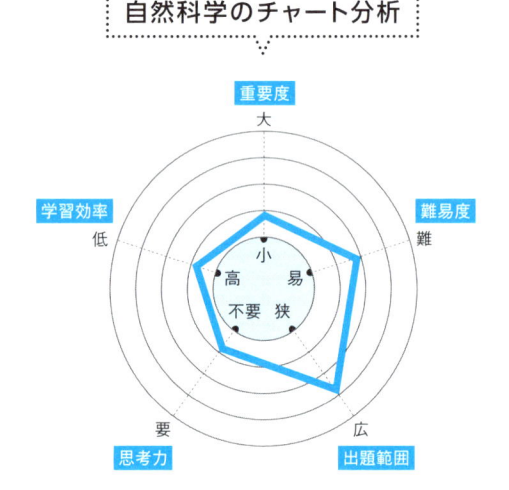

自然科学のチャート分析

（重要度：大／難易度：易／出題範囲：広／思考力：要／学習効率：高）

学習ポイント

数学
数学Ⅰ・Aと数学Ⅱ・Bが主な範囲なので、高校の教科書を中心に勉強する。計算力も必要とされるので、普段から計算に慣れておくことが大事

物理
必ずのように出題される力学を押さえる

化学
理論・無機・有機の3つの分野に分かれている。無機と有機は暗記量が多い分野のため、比較的暗記が少なくてすむ理論分野を優先的に取り組む

生物
文系の受験生でも比較的取り組みやすい科目。そのなかでも「免疫」、「呼吸」、「遺伝」は出題頻度が高い

地学
地学Ⅰを中心に押さえながら、オゾン層破壊や地球温暖化などの時事的なものが含まれるため、テレビや新聞などもチェックしておく

人文科学

▶ 試験範囲の広い暗記科目

人文科学とは日本史・世界史・地理・文学と芸術・思想の社会科系科目で構成され、歴史や文化的背景などの知識が必要とされます。一般的には、試験範囲がもっとも広いと言われ、特に理科系の学生にとっては勉強時間の一番かかる科目とも言えます。膨大な試験範囲を、いかに効率よく勉強するかが鍵となります。

人文科学のチャート分析

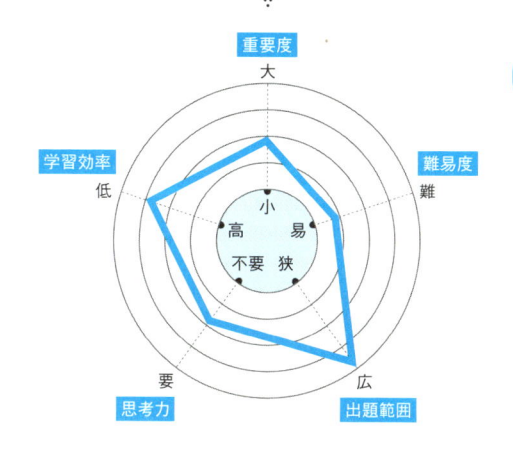

（重要度：大、難易度：難、出題範囲：広、思考力：要、学習効率：低）

学習ポイント

日本史
江戸時代〜現代を中心に学習し、江戸時代より以前は重要事項を押さえる。土地制度史、政治史のようなテーマ別の問題も出題される

世界史
西洋史では中世以降の出題が多く、東洋史では唐以降の中国史を中心に。現在問題になっているアラブ社会についてもチェック

地理
統計資料を用いた具体的な国に関する出題が多いため、代表的な国の位置や気候、特産品などをまとめてデータ化しておく

文学と芸術
代表的な作者と作品名をしっかり把握する

思想
近現代の西洋の政治思想や哲学の全体像を自分なりにとらえておく

数的推理

▶ 基礎的な算数や数学の問題

　数値を扱う能力や、数から物事を考える力を測定する試験。小学校からの基礎的な算数や数学からの出題がほとんどです。解き方に**センスやひらめきが必要**となる問題も多く、なかでも確率、方程式を使う文章題、速度に関する問題、図形に関する問題などが高い頻度で出題されます。

　判断推理と境界線があいまいで、分野が重複したり、2つの要素を合わせた問題も見受けられます。

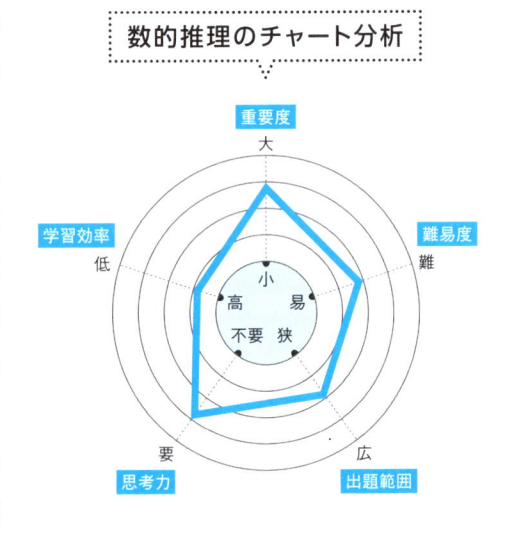

数的推理のチャート分析

学習ポイント

計算
間違ったところを見直せるように、暗算に頼らず紙に書く

確率
順列や組み合わせ、確率の基礎を理解しておく

方程式・不等式
文章題形式で出題されるため、よく読んでいかに早く式を立てられるかが重要。商品A〜Eの値段と売上個数・売上合計の関係などを問う不定方程式にも慣れておく

図形
正方形内の正三角形が重心を中心に動くときの範囲を問う軌跡の問題や、立体図形などの問題は、たくさん解いてパターンを覚える

判断推理

▶ 問題用紙の余白をうまく使って解く

公務員試験特有の科目と言われる判断推理は、**決められた条件や場面から推理して、結論を導き出す問題**です。順位や位置を特定させる位置関係や順序関係が多く出題されます。ほかにも対応関係の推理、平面図形の分割と構成、命題と論理、数量条件からの推理、展開図などが頻出項目となっています。問題用紙の余白を使って、計算や図形を書いて解いていきましょう。

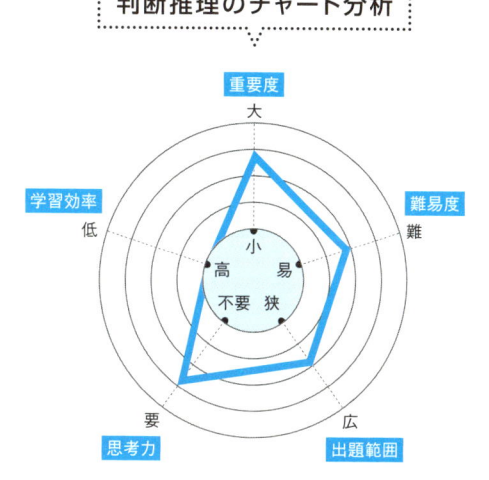

判断推理のチャート分析

学習ポイント

論理問題
文章をよく読み、条件を満たすものの集合を考え図式化して処理すると分かりやすくなる

順位や位置の問題
順位の問題は、文章に沿って線分図を書くと解きやすくなる。位置の問題は、与えられた条件を図に書き込みながら解いて整理していく

立体図形
立体図形を扱うには、横から見たり、上から見たりして投影図を使うことが多い。日頃から投影図に慣れておこう

展開図
手順をよく考え、展開図を重ねるときは、互いに重なる頂点や辺に同じ記号をふるなどして、立体との対応関係をはっきりさせる工夫が必要となる

文章理解

▶ 文章の大意や要旨を理解する

文章理解とは、現代文、古文・漢文、英文を読んで、その内容がきちんと理解できているかを試す試験です。文章理解を得意としている文系の受験生が多いなかで、苦手な意識を持っている人も少なくありません。とはいえ、問題数が多いだけに捨てることは許されないので、苦手な人は問題数をこなしきちんとした対策をとりましょう。

要旨把握の勉強は、新聞などのコラム欄を毎日読み、100字以内に要約する訓練が役立ちます。

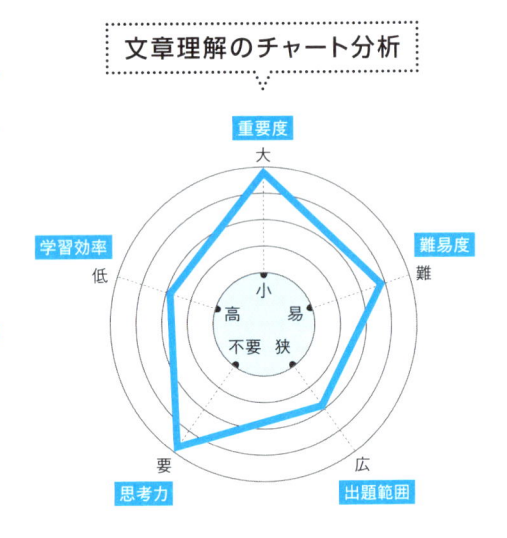

文章理解のチャート分析

重要度：大
難易度：難
出題範囲：広
思考力：要
学習効率：低

学習ポイント

現代文
試験に出る文は小説よりも、学術書や評論などの論理的な文章が多いので、その傾向の問題を数多く解く

古文、英文
分からない単語にこだわらず、まずは全体的に何を述べているかをつかむ

空欄補充や文章整序問題
段落ごとの指示語や接続詞などに印をつけて読み返しを防ぐ

要旨把握
大事な部分を見つけて下線や丸で囲み、何が言いたいのかを把握する

資料解釈

▶ グラフや図表を読み解く

図表やグラフを見て、正しいものを選択肢の中から選ぶ問題です。その多くは、答えを導き出すために簡単な計算が必要ですが、紛らわしく、引っかけのような問題の出し方をしているので、落ち着いて解答しましょう。一つの資料だけでなく複数の資料を示して、相関関係を考えさせる問題も出てきますので、複合的な視点が求められます。

また、経済学や社会科の勉強をする際に、外国の産業や貿易の統計を押さえておくと、表を読み解く訓練になります。

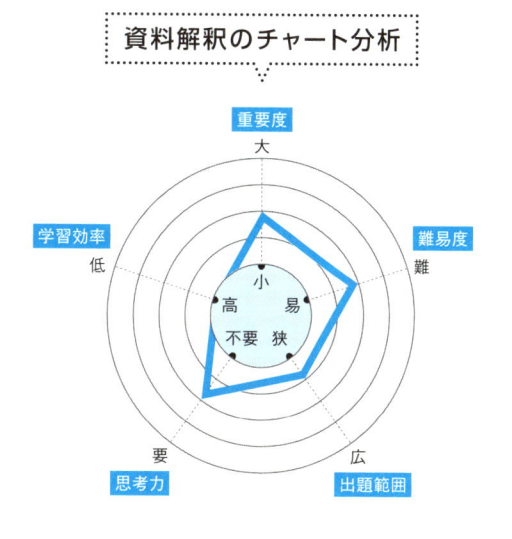

資料解釈のチャート分析

（重要度：大、難易度：難、出題範囲：広、思考力：要、学習効率：低）

学習ポイント

引っかけ問題にしている性質上、普通に計算しているととても時間がかかってしまう科目です。いかに効率的に答えを導き出すかが鍵となります。
そのひとつが「消去法」。簡単な計算で分かる選択肢を消して、一つに絞り込む方法です。
暗記問題ではないので、勉強するときはただやみくもに問題数をこなすのではなく、なぜその答えになったのか、グラフ内の数値が何を示しているのかなどを理解しましょう。

Chapter 5 覚えておきたい基礎知識 公務員採用試験

論文・作文対策

- 書き手の人柄が表れる作文の重要性が高まっている
- まずは文法・構成力・漢字力などの基礎能力を鍛える

苦手意識を持たず、文章を書く能力を身につける

　公務員試験では、**論文（作文）試験が必ず実施されます**。出題されるテーマは、試験の種別などによって異なるため、過去にどんなテーマで出題されたのかを分析し、その傾向を把握することがポイントとなります。ここでは、合格点が取れる論文・作文を書くために**必要な6つのポイント**を紹介します。

❶ 原稿用紙に正しく書く

　原稿用紙を正しく使って書いていないと、減点の対象となります。正しい使い方を復習しておきましょう。

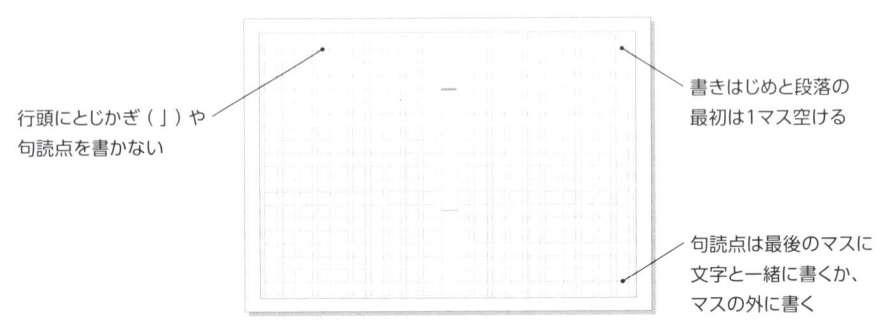

行頭にとじかぎ（」）や句読点を書かない

書きはじめと段落の最初は1マス空ける

句読点は最後のマスに文字と一緒に書くか、マスの外に書く

❷ 正しい文章を書く

　論文・作文試験において誤字・脱字は論外です。誤りのない文字で書き、書いた後は見直しましょう。また、読みづらい字や続け字、略字なども避けましょう。文章は、楷書で書くようにします。

❸ 文章語（書き言葉）で書く

論文・作文を書くときは、普段の会話で使っているような口語表現ではなく、文章語（書き言葉）を使い、流行語や略語の使用は避けましょう。

流行語	略語	口語
× 超真剣に取り組んだ。	× TVには弊害がある。	× 大変だなあ、と思った。
○ とても真剣に取り組んだ。	○ テレビには弊害がある。	○ 大変である、と思った。

❹ 文法的に正しく

文法的な誤りも減点の対象。文法上で間違いやすいものをチェックしておきましょう。

助詞（て・に・を・は）の誤り
× 私が素直でありたい。 ➡ ○ 私は

動詞の不対応
× 私はその論を賛成する。 ➡ ○ 支持する

副詞の不対応
× 全然、良い。 ➡ ○ 良い（全然、問題ない）

主語・述語の不対応
× 環境の改善が必要とする。 ➡ ○ される

❺ 文章は読みやすく書く

分かりやすい文章は、「5W1H」がはっきりしていることが基本。「いつ」「どこで」「誰が」「何を」「なぜ」「どのように」したのかがはっきりしていると、読みやすい文章になります。

When	Where	Who	What	Why	How
いつ	どこで	誰が	何を	なぜ	どのように

❻ 文章の組み立てを考えて書く

思いついたまま原稿用紙に書き出してしまうと、論旨があちこちへ飛んでうまくまとめることができません。論文・作文では、文章の組み立てを考えて書く必要があります。

「起→承→転→結」の4部構成		
起	問題提起	全体の10％
承	意見の提示	全体の30〜40％
転	展開	全体の30〜40％
結	結論	全体の10〜30％

「序論→本論→結論」の3部構成		
序論	問題提起	全体の10％
本論	意見の提示	全体の50〜70％
結論	結論	全体の20〜40％

公務員採用試験 理解度チェック問題

問1 アメリカ合衆国に関する記述で正しいものを選び、記号で答えなさい

❶ アメリカは人種のサラダボウルと呼ばれ、その構成は白人、アフリカ系黒人、ヒスパニックの順に多い。

❷ 「適地適作」生産方式をとるアメリカは世界最大の農産物生産国であるだけでなく、世界最大の農産物輸出国で、「世界の食料庫」「世界のパンかご」とよばれている。

❸ アメリカの農業は、プレーリーを中心に小麦栽培が行われ、その西側に広がるグレートプレーンズでは混合農業が行われている。

❹ アメリカの工業は、メサビ鉄山の鉄鉱石とドネツ炭田の石炭、五大湖の水運を利用して、鉄鋼、自動車、機械など重工業が発達してきた。

問2 次のA～Eの四字熟語のうち、漢字の使い方が妥当なもののみをすべて挙げているのはどれか答えなさい

A：孤立無縁 … ほかからの助けがないこと
B：一目瞭禅 … 一目ではっきりと分かること
C：首尾一貫 … 方針や態度がはじめから終わりまで変わらないこと
D：朝令暮改 … 法律や命令がすぐに変わって定まらないこと
E：某若無人 … 他人を無視して自分勝手に振る舞うこと

❶ A,B　❷ A,D　❸ B,E　❹ C,D　❺ C,E

答え

問1 ❷　問2 ❹

問3　防衛に関する記述で正しいものを選び、記号で答えなさい

❶ 平和主義は日本国憲法の原則の一つであり、憲法第9条にだけその記述がある。

❷ 日本は憲法に戦力不保持が明記されているので、防衛関係費は先進国の中では最も少ない。

❸ 自衛隊法が改正され、自衛隊の海外派遣が可能となった。これまで、カンボジア、ルワンダ、アフガニスタンなどに派遣されている。

❹ 集団的自衛権とは、ほかの国家が武力攻撃を受けた場合に、直接に攻撃を受けていない第三国が、協力して共同で防衛を行う国連憲章の第51条において初めて明文化された権利である。

問4　室町時代から戦国時代にかけての日明関係に関する記述として正しいのは次のうちどれか答えなさい

❶ 足利義満は明との国交を樹立するにあたって夢窓疎石と博多商人の祖阿を明に派遣し、明皇帝から日本国王の称号を与えられた。

❷ 明からの貿易船が頻繁に来航するようになると、足利義満は航海の安全と貿易の活性化のため大輪田泊を大規模に修築した。

❸ 遣明船の派遣は、4代将軍足利義教のときに一時途絶えたが、6代将軍足利義持によって再開された。

❹ 日明貿易は朝貢形式であったが、日本側の利益は大きく、大量に輸入された銅銭によって日本の貨幣流通は多大な影響を受けた。

答え

問3 ❹　問4 ❹

出典：シグマ飯塚校『平成26年度 第7回公開試験』を基に作成

問5 次の文章中のア〜ウに入る語句として妥当なものはどれか答えなさい

国民経済の規模を、一定期間に行われた経済活動の量である　ア　で測る方法のうち、国内総生産（GDP）は、一つの国の中で1年間に生み出された　イ　の総計を計算したもので、国民総生産（GNP）とは異なり、　ウ　が含まれる。

	ア	イ	ウ
❶	ストック	付加価値	海外への所得
❷	ストック	生産額	海外からの所得
❸	フロー	付加価値	海外からの所得
❹	フロー	生産額	海外からの所得
❺	フロー	付加価値	海外への所得

問6 中国の各時代の文化についての説明として正しいものは次のうちどれか答えなさい

❶ 漢の時代には、司馬遷の「漢書」や班固の「史記」などの歴史書が編年体で書かれた。

❷ 明の時代には、実学の発展があった。また、『西遊記』、『三国志演義』などの口語文学が庶民に人気となった。

❸ 清の時代には東西交通路の整備が行われ、ヨーロッパやイスラム世界からの旅行者たちが直接中国を訪れはじめた。マルコ＝ポーロが都を訪れて康熙帝に仕えた。

答え

問5 ❺　問6 ❷

問7 ある高校で通学方法についてのアンケートを行った。下記の結果から判断して、徒歩のみで通学している生徒は何人か答えなさい。
ただし、どの生徒も通学に徒歩、自転車、バスのいずれかを利用しているものとする

- 自転車を利用している生徒は全部で84人おり、そのうち自転車のみを利用している生徒は全体の36%である。
- バスを利用している生徒は全体の24%であり、そのうちバスのみを利用している生徒は36人いる。
- 自転車またはバスを利用していない生徒はすべて徒歩で通学している。
- 徒歩による通学と自転車による通学を両方行っている生徒はおらず、また、徒歩による通学とバスによる通学を両方行っている生徒もいなかった。

❶ 48人　❷ 60人　❸ 80人　❹ 84人　❺ 92人

問8 次の問いに答えなさい

ある自動車が5m/秒で走っている状態から急ブレーキをかけると、ブレーキをかけてから20m進んだ後に停止した。この自動車が同じ道路上を10m/sで走っている状態から同じように急ブレーキをかけたとき、ブレーキをかけてから停止するまでに進む距離として適当なものはどれか。

❶ 20m　❷ 40m　❸ 60m　❹ 80m　❺ 100m

答え

問7 ❸　問8 ❹

出典：シグマ飯塚校『平成26年度 第7回公開試験』を基に作成

Column 6

係長以上の採用を前提とした経験者採用試験

　経験者採用試験とは、民間企業などで特定のスキルを身につけた勤務経験者に対して、係長以上への採用を目的として行われる中途採用試験です。定期的に行われるものではなく、必要になったときに募集がかけられます。そのため、人事院や各省庁のウェブサイトをこまめにチェックしていると、募集の案内を見つけられることがあります。

　経験やスキルなどが求められる経験者採用試験ですが、もちろん意欲のある人材が必要とされています。人事院の採用情報を見ても、「求める人材」には「公務に対する強い関心と、全体の奉仕者として働く熱意を有する者」とあります。面接などでは、公務員として働く意欲や熱意をアピールできるよう、備えておくといいでしょう。

● **特定のスキルとは**
弁護士や公認会計士、弁理士などの資格を持っている、または語学力が優れている、ある特定の業種・業界での一定年数以上の実務経験があることなどが条件となっています。
※募集する府省や対象となる職種によって異なります。

● **試験内容**
基礎能力試験（教養試験）のほか、政策課題討議、政策論文、外国語、経験論文などその職務に必要な技術があるかを試す試験が行われます。

● **年齢制限**
年齢制限は特に設けられていませんが、係長級、課長補佐級の試験になるため、20代後半から30代後半の人が多く受験します。採用後は、その職務に応じて総合職、あるいは一般職の大卒として格付けされます。

Chapter 6

▷ **覚えておきたい基礎知識**

公務員になってからでは聞けないこと

公務員は、国民や社会的な主要人物に寄り添いながら職務をまっとうしていかなければいけません。良識を求められる職務でもあるため、公務員になる前にある程度の常識やマナーを知っておくことは大切です。

> 漠然とした思いで希望するのではなく、積極的に情報収集をして公務員の仕事を理解しながら目標設定しましょう。

Chapter 6　覚えておきたい基礎知識　公務員になってからでは聞けないこと

時事問題のとらえ方

● 時事問題の中でも刻々と変わる法律は最重要事項である
● 公務員にも波及する国内情勢や経済動向を常にチェックする

公務員に関わる法律①

■ 憲法→国家公務員法→地方公務員法

　日本国憲法には、地方自治に関する章が設けられ、その第92条に「地方公共団体の組織及び運営に関する事項は、地方自治の本旨に基づいて、法律でこれを定める」と規定されています。この法律を受ける形で、地方自治に関する基本法として1947年（昭和22年）4月に地方自治法が制定されました。

　さらに1947年（昭和22年）10月には国家公務員法により、国家公務員としての身分の取り扱いについての制度が統一化された一方、同時期に進められた地方公務員法は、法案作成を巡ってGHQ（総合司令部）との交渉が難航し、法律の制定の先延ばし状態が続きました。その後、1948年（昭和23年）7月にGHQのマッカーサー元帥から芦田均首相に対して送られた書簡（マッカーサー書簡）を受けて、同年7月末に公務員に対する団体交渉権の制限や争議行為の禁止などを定めた「政令第201号」が新たに制定されました。それに伴って国家公務員法の大改正も行われ、この一連の出来事によって、労働関係を中心とした公務員制度に大きな変動が起こりました。

　これ以後も、GHQとのやりとりを中心に紆余曲折があり、1950年（昭和30年）11月にようやく地方公務員法案が閣議決定。第9回通常国会に提出されました。国会で法案が可決され法律として公布されたのは同年12月。公務員という身分を法律で規定するまでには、大きなドラマがあり、公務員と法は切り離せない関係にあることがわかります。

公務員に関わる法律②

■ 法律→法令→命令（法規）→条例

　法律は憲法に基づいて国会が定めたルールですが、法令は法律と命令（法規）を合わせたもので、法律以外に地方公共団体の条例や裁判所の規則、政省令を含めた言葉です。

　命令（法規）とは、国会の行政機関が制定する法規および法の総称のこと。法律を実施するため、または法律の委任によって制定されます。政令・総理府令・省令・外局規則・会計検査院規則・人事院規則などがこれにあたります。なお、文字で書き表された文書になっている法令のことを法規と言います。

　また、条例とは、**地方公共団体が自治立法権に基づいて、議会の議決などにより自主的に制定する法規のこと**を言います。これは憲法第94条で自治体が法律の範囲内で条例を制定できることを保障しています。

	意味	代表例
法令＝法律＋命令（法規）	国民（住民）の権利義務に関する定め	国の法令 ＝法律・政省令 自治体の法令 ＝条例・規則

MEMO：国家公務員法上の公務員のなかに、国会議員の秘書は含まれる？

国家公務員法では、「国家公務員」にどの職業が含まれるかも規定されています。では、公務員の秘書は、国家公務員なのか。国会議員の秘書は、国家公務員法第2条第3項第15号に「特別職の国家公務員」として明示されています。ただし、「国会法」、「国会議員の秘書の給与等に関する法律」以外にその権限関係を規定する法律がなく、その法的位置づけは不明確であるとも言われています。

日頃から関心を持ちたい時事問題

　国内政治や経済の動向など、国民や住民の生活に影響を及ぼすことは、公務員として関係してくることが多く、**日頃から関心を持つ姿勢が大切です**。地球規模で話題となっている環境問題も身近なごみ問題などと無縁ではありませんし、またエネルギー資源の大半を輸入に頼る日本では、国際情勢も無関心ではいられません。国民と同じ目線に立ってこそ、目の前の業務に対応していく力が身についていくのです。身近なところにも、国家公務員として取り組むことがたくさんあるはずです。職場にいるときには国家公務員の立場で、家でテレビや新聞でニュースを見るときには客観的に国民の立場になってみるなど、両者の立場で時事問題を考えてみてください。

国内政治

- 現政権の政策と動向…内閣が進める政策は、国民に大きく関わってくるため動向に注意。
- 選挙制度改革と1票の格差…2013年（平成25年）4月に公職選挙法が改正され、ネット選挙が解禁となる。また、議員1人当たりの有権者数が選挙区ごとに異なるため、1票の格差が生じることで不均衡が生じ最高裁などで争われている。
- 震災復興・原発・防災…東京電力福島第一原子力発電所事故を受け、より強い権限と高い独立性を持つ原子力規制委員会が2012年（平成24年）に設置されたが、復興と防災の課題は続いている。
- 安全保障（集団的自衛権）…集団的自衛権の行使を可能にする憲法解釈の再検討の動きに注目。

など

国際政治

- 外交…北方領土に関わる日露関係や尖閣諸島を巡る日中関係など、近隣諸国との関係悪化は緊張状態を招くため情勢を常に注視。
- アメリカの動向…軍事的な結びつきや経済的な影響力も含めて、アメリカの動向は常に意識しておきたい。
- アジアの動向…中国や韓国などを中心に注目。
- 地域紛争…自衛隊がPKO活動を続ける南スーダンの情勢は要注意。
- 中東諸国の動向…石油などのエネルギー資源確保に大きく関係している。

など

経済

- 日本経済の動向…2013年（平成25年）から景気は回復傾向にあるものの、消費税増税の導入などで懸念の声もあがっている。
- 日本の経済収支（貿易収支）…日本の経済収支は黒字であるものの、2011年（平成23年）以降は2年連続で急速に縮小している。
- 日本の株価…日本の株価指数は、2012年（平成24年）10月から大幅に上昇。今後の動向を注視。
- 消費税…8％、10％などに引き上げられている消費税の動向に注目が集まっている。
- 金融政策…2013年（平成25年）1月に日本銀行が政府との共同声明を発表し、インフレ目標値を初めて設定。その後、量的・質的金融緩和を導入し金融政策の枠組みを大きく転換した。

など

厚生・労働

- 少子化の背景と動向…少子化傾向が続けば高齢化社会を支えきれなくなり、社会全般に波及する問題となっている。
- 高齢化の動向…少子化と高齢化は、日本にとってダブル課題となっている。
- さまざまな雇用問題…非正規雇用や、高齢者雇用、障がい者雇用など、さまざまな年齢・状況で問題が生じている。
- 医療・医薬品に関すること…医薬品のネット販売や、ジェネリック医薬品など、新しい制度への理解が求められる。
- 生活保護について…1990年代後半から急増する生活保護受給者への対応が求められている。

など

環境問題

- 地球温暖化対策…京都議定書を中心とした日本の対策は、世界からも注目されている。
- 家電リサイクル…家電リサイクル法に続き、2013年（平成25年）4月にデジタルカメラやゲーム機などの小型家電についても、小型家電リサイクル法が施行された。

など

社会

- ユネスコ三大遺産…世界遺産・無形文化遺産・世界記憶遺産に認定されると、地域の活性化や保全運動にもつながるため、地元の期待が大きくなっている。
- オリンピック…2020年（平成32年）に開催される東京オリンピックに注目が集まる。
- いじめ問題…2013年（平成25年）6月に、深刻化するいじめ問題に対処するために「いじめ防止対策推進法」が制定された。

など

Chapter 6 覚えておきたい基礎知識　公務員になってからでは聞けないこと

公務員が日常的に使う文書

- 書類作成の際の基本的なルールを覚える
- 誤解を招かない、正確な言葉の使い分けができるようにする

わかりやすく、論理的で、説得力ある文章

　国家公務員の仕事は事務から技術、国際的な取引まで多方面におよびますが、いずれの職種、職業でも文書の作成に携わります。それらは国民や国を代表する重要人物の権利、義務、交渉材料に影響する重大なものが多いのも特徴です。

　つまり、それらの文書は**わかりやすく、論理的で、説得力がなくてはなりません**。そのためには、基本的なルールや言葉づかいなどを知っておく必要があります。

言葉を正確に使い分ける

　文書は確実で普遍性の高い意思伝達方法です。客観的な情報を確実に相手に伝えるために、文書で使う言葉は話し言葉ではなく、書き言葉を使用します。そのうえで適切な言葉を使わなければなりません。

　法令に関わる言葉の中には、解釈が紛らわしく、正確に使い分けないと誤解を招いて、事務処理に時間がかかってしまうものがあります。次ページに述語の解釈と、法律に関わる特殊な用語の使い分けについて記載しました。就職後は、所属する部署で作成した過去の起案書なども参考にしながらこれらを覚えていき、文書を作成します。

法律用語の表現を使い分ける

通常の説明文に用いられる用語の中から条例などに適合したものを選び出し、解釈に混乱のないようにしなければなりません。

▶述語の解釈

❶「ものとする」
「しなければならない」という義務づけの意味がないわけではなく、場合によって、これと全く同意義に使用されることもありますが、一般的に「一種の含みを持たせつつ、原則なり、方針なりを示す」という気持ちが強い場合に多く用います。

❷「とする」
「である」と似ていますが、「である」は単に事実の説明、「とする」は、創設的、拘束的な意味を持ちます。

❸「例とする」
通常そのようにすべきであるという意味で、合理的理由があれば例外が認められる趣旨です。

❹「例による」
「準用する」とほぼ同意語です。準用と違うのは、ある一定の手続きなり事項なりが、当該法律およびこれに基づく政令、省令等を含めて包括的にその場合にあてはめられる点です。たとえば、あるほかの法令の体系（現行・廃止・執行等の場合もある）をそのまま借用してあてはめ、これにより、同趣旨を反復して規定する場合に使います。

❺「この限りではない」
この表現は、『ただし書』の規定の述語として、主文章の規定の除外例を示すために使われます。

▶述語の解釈

❶「改正する」と「改める」
「改正する」……法令等を改正する場合に、法令等の改正全体をとらえて言う場合
「改める」……法令等の改正中の各部分について言う場合

❷「削る」と「削除」
「削る」……法令の一部を改正する場合、改正される法令中の改められる部分の規定を跡形なく消す場合
「削除」……条名または号番を残して規定の内容を消す場合

Chapter 6 　覚えておきたい基礎知識　公務員になってからでは聞けないこと

公務員がよく使うパソコンソフト

- 配属された部署によって求められるレベルが異なる
- 公務員になる前からパソコンの操作に慣れておくと便利

公務員の仕事に求められるパソコンレベル

　国家公務員には、どれくらいのパソコンスキルが求められるのでしょうか。国家公務員に限らず社会人としては、メールの送受信や「Word」や「Excel」などの簡単な操作レベルは必須です。ただ、国家公務員の場合はパソコン作業が少ない部署から、統計データの分析などの少し専門的なスキルが必要な部署まで個々に異なります。

　ほぼ、どの部署でも共通して使われているパソコンソフトは、「Word」、「Excel」などですが、会議などの資料として図や写真をスムーズに取り入れられる「Power Point」や、「一太郎」、「Lotus 1-2-3」なども使用されています。「一太郎」と「Lotus 1-2-3」は、一時代前に活躍したソフトであり一般企業などでの使用はほぼなくなっていますが、「Word」よりも使いやすい面もあると言われ、今も公務員の職場では使用しているところがあります。

👉 こんな場面で役立つ!

公務員の実務 　書類作成や、会議資料、データ分析資料の作成、予定表、見積書の作成など

報告書・書類作成・データ分析や図説で活躍

以下に使用頻度の高いパソコンソフトを挙げます。どういったソフトをどういった用途に使用するのか知っておきましょう。

● Microsoft Word

文書の作成や編集ができるソフト。文字や段落を装飾する機能などがあるので、見栄えのよい文書などを作成することができる。写真やイラストを挿入することもでき、図形や表を添付することも可能なため、公務員の職場でも報告書や資料作りなど幅広く使うことができる。

用途 報告書や会議資料、見積書の作成など

● Microsoft Power Point

プレゼンテーションで使用できるソフト。図や写真などを効果的に入れることができ、スライドショー機能などがある。地方の観光アピール資料や、現場の状況説明などをより具体的に伝えることができる。

用途 予算管理、予定表作成など

● ジャストシステム　一太郎

国産の日本語ワープロソフト。操作が簡単で、おもに文書作成のために開発されたソフトで、Word日本語版が発売されるまでは、業界1位のシェアを誇っていた。多機能のWordに比べてシンプルで使いやすく、単純な書類作成を行う公務員の一部の部署では根強い人気がある。

用途 プレゼンテーション用の資料作成など

● Lotus 1-2-3

アメリカのロータスソフトウェアが開発・販売していたパソコン用表計算ソフト。「1-2-3」とは、1表計算機能、2グラフ機能、3データベース機能をあわせ持つことを意味し、Excel日本語版が発売されるまでは、日本におけるトップシェアを占めた時期もあった。公務員の職場でも長く使い続けられてきたが、2014年（平成26年）9月に日本でのサポートが終了したため、今後はExcelへの完全移行が予想される。

用途 書類作成

Chapter 6 覚えておきたい基礎知識　公務員になってからでは聞けないこと

公務員に必要な専門用語

- 事務作業が多い公務員がよく使う専門用語
- 公務員用語を覚えながら漢字も習得していく

公務員になったときに使える用語集

　公務員は職務上、文章を作成するケースが数多くあります。各種報告書などの職場内で読まれる文書作成、書簡をはじめ、職場外へ送付されるものの文書作成、さらに、広報誌など国民が直接目にするものもあります。

　公務員としてよく使う用語は覚えておきたいところですし、公務員の職務上頻繁に関わる言葉を漢字で書けること、あるいは漢字を読めることが必要です。下記は、公務員になったときに使える用語集になりますので、これらは必ず覚えておきましょう。

漢字	読み方	漢字	読み方
行政関連用語			
委託	いたく	官報	かんぽう
官僚	かんりょう	許認可	きょにんか
県議会議員	けんぎかいぎいん	国民保護	こくみんほご
戸籍係	こせきがかり	災害緊急情報	さいがいきんきゅうじょうほう
参議院	さんぎいん	産業振興	さんぎょうしんこう

漢字	読み方	漢字	読み方
市政	しせい	事務次官	じむじかん
指名競争入札	しめいきょうそうにゅうさつ	生涯学習	しょうがいがくしゅう
情報公開	じょうほうこうかい	審議会	しんぎかい
大使	たいし	大臣	だいじん
知事	ちじ	地方公共団体	ちほうこうきょうだんたい
特殊法人	とくしゅほうじん	内閣総理大臣	ないかくそうりだいじん
福祉	ふくし	復活要求	ふっかつようきゅう
野党	やとう	用地買収	ようちばいしゅう
与党	よとう		

法律関連用語			
安全保障会議設置法	あんぜんほしょうかいぎせっちほう	遺失物法	いしつぶつほう
覚書	おぼえがき	規則	きそく
公務員倫理法	こうむいんりんりほう	国家公務員災害補償法	こっかこうむいんさいがいほしょうほう
省令	しょうれい	条例	じょうれい
政令	せいれい	答弁書	とうべんしょ
永田町	ながたちょう	労働基準法	ろうどうきじゅんほう
労働者派遣法	ろうどうしゃはけんほう		

漢字	読み方	漢字	読み方
公安関連用語			
鑑識	かんしき	儀仗勤務	ぎじょうきんむ
拳銃操法	けんじゅうそうほう	警備	けいび
刑務所	けいむしょ	皇宮警察	こうぐうけいさつ
護衛	ごえい	逮捕	たいほ
留置場	りゅうちじょ		

漢字	読み方	漢字	読み方
経済関連用語			
一般財源	いっぱんざいげん	会計監査	かいけいかんさ
行政指導	ぎょうせいしどう	拠出金	きょしゅつきん
繰越	くりこし	決算期	けっさんき
現計予算	げんけいよさん	厚生労働省所管特別会計	こうせいろうどうしょうしょかんとくべつかいけい
公売	こうばい	国債	こくさい
国庫補助金	こっこほじょきん	財政	ざいせい
債務負担	さいむふたん	随意契約	ずいいけいやく
税金	ぜいきん	単年度会計主義	たんねんどかいけいしゅぎ
特別会計	とくべつかいけい	年金	ねんきん
補正	ほせい	労働保険特別会計	ろうどうほけんとくべつかいけい

漢字	読み方	漢字	読み方

雇用・勤務・勤怠関連用語など

漢字	読み方	漢字	読み方
異動	いどう	幹部候補	かんぶこうほ
官庁訪問	かんちょうほうもん	給与減額措置	きゅうよげんがくそち
共済	きょうさい	互助会	ごじょかい
試験昇進制度	しけんしょうしんせいど	昇格	しょうかく
昇任	しょうにん	能力評価制度	のうりょくひょうかせいど
配置転換	はいちてんかん	俸給	ほうきゅう
臨検監督	りんけんかんとく		

そのほかの用語

漢字	読み方	漢字	読み方
衛視	えいし	寄付、寄附	きふ
苦情	くじょう	公用車	こうようしゃ
国債金融	こくさいきんゆう	国賓	こくひん
個人情報	こじんじょうほう	御用邸	ごようてい
査察	ささつ	三権分立	さんけんぶんりつ
出生届	しゅっしょうとどけ、しゅっせいとどけ	指針	ししん
不法滞在者	ふほうたいざいしゃ	陳情	ちんじょう
内示	ないじ	保養施設	ほようしせつ
用地買収	ようちばいしゅう	留学制度	りゅうがくせいど

6 覚えておきたい基礎知識 公務員になってからでは聞けないこと

Chapter 6　覚えておきたい基礎知識　公務員になってからでは聞けないこと

公務員として覚えておきたい英語

- 国際化に伴い日本語がわからない外国人と接する機会もある
- 状況別に基本的な英語を覚えることで、意思疎通ができる

外国語を使う機会がある職業

　国家公務員の中には国を代表する立場の職業も多く、諸外国の人と話す機会があります。そのような場面で言葉が通じないと致命的です。もちろん地方公務員にも英語が必要な場面があります。各都道府県の警察では外国人が関わる犯罪に対処するため、語学専門の警察官の採用も行われています。

　語学力が必要なのは、国家公務員の中でも特に**外交官**です。外交官は、外国へ出張、または駐在して、外国との交渉・交際などにあたります。**大使・公使・領事や、その所属の参事官・書記官**などもこの外交官に含まれます。国家公務員の一般職（高卒程度）で採用された後、外国の大使館や領事館で勤務することもあります。

　外交官以外には、**防衛省の職員**も外国語を必要とします。そのため防衛省専門職員には語学職があります。**航空管制官や入管職員（入国警備官、入管審査官）、税関で働く職員**は、特に諸外国の方と接する機会が多い職業なので、必然的に最低限の英語を話せる必要があります。

　また、**国立国会図書館**の職員の採用には、英語試験が課されています。外国文献の調査研究の業務があるため、外国語の中でも英語は重要視されています。

公務員に関する職業の英語表記

●公務員を指す英語表記

公務員	public official
国家公務員	civil servant, government official
地方公務員	local government official

●国家公務員に関する職業や国家公務員を指す英語表記

医師	doctor
外交官	diplomat, diplomatic official
海上保安官	maritime safety official, coast guard officer
官僚	bureaucrat
議員	member of an assembly, member of the Diet
刑務官	prison official, prison guard
外科医	surgeon
研修医	resident
航空管制官	air traffic controller
裁判官	judge
自衛官	self-defense force official
政治家	politician, statesman
秘書	secretary

MEMO 「政府で働いている」＝「スパイ」？

国家公務員は「civil servant」。では、「政府で働いています」を英語に直訳すると"I work for the government."となりますね。でもこれは相手に「私はスパイです」というニュアンスで聞こえてしまうこともときにはあるようです。なぜなら「政府の仕事をしている」と具体的な職業名を言わないため、詳細を伝えられない何かを隠しているように受け取られてしまうのです。国家公務員であることを示したい場合は「civil servant（国家公務員）」を使って、"I am a civil servant."と言いましょう。

入国審査官が使うフレーズ

　海外へ旅立ったり、日本へ帰国するときに必ず関わる入出国審査官も国家公務員。旅行や出張で海外へ行った際に、入出国審査官に質問された経験があると思いますが、入出国審査官になったら自分が質問する側になります。

　旅行者の中には英語が話せない人もいるでしょう。思いがけない英語が返ってくることもあります。対等に話せる人よりも、慣れていない人と話すほうがより英語力を問われるものです。そのため同じ意味でも、いろんな表現を覚えておくと、役に立ちます。旅行者からの言葉が思い通りの返事でなければ、言い方を変えてみましょう。下記の一例をご参照ください。

入国審査官　あなたのパスポートを見せてください。
❶ Show me your passport, please.
❷ May I see your passport?

旅行者　どうぞ。
Here you are.

入国審査官　ここに訪れた目的は何ですか？
❶ What's the purpose of your visit?
❷ Why did you visit here?

旅行者　観光です。
Sightseeing.

入国審査官　この国にはどのくらい滞在する予定ですか？
❶ How long will you stay in this country?
❷ How long are you going to stay in this country?

旅行者　3日間です。／2週間ぐらいです。
For three days.／About two weeks.

敬語も外国語も重要なのは「慣れ」

　正しい言葉づかいを知ることは大事ですが、知っているだけでは不十分です。実際に身につけるには、慣れが必要です。使い慣れていないと、とっさのときに、つい友だちのように上司に話しかけてしまったり、不自然な丁寧語になってしまったりします。英語も同じで、どれだけ単語を頭に詰め込んでも、実際に使えなければせっかくの知識を役立てられません。自然と言葉が出てくるように、使い慣れることが大事です。

　学生ならば、先生との会話のときに意識したり、英語の先生と英会話の練習をする機会をつくったりするといいでしょう。下記の声がけ事例をくり返し練習し、いざというときに使えるように準備をしましょう。

- (税関で) 申告するものはありますか？
  Do you have anything to declare?

- 税関申告書を見せてください。
  Customs declaration form, please.

- ここで写真を撮らないでください。
  Please do not take photos here.

- 職業は何ですか？
  What is your occupation?

- この部屋ではタバコを吸わないようにしてもらえますか？
  Would you mind not smoking in this room?

- 英語が話せる人はいますか？
  Does anybody here speak English?

CHECK!! 公務員になってからでは聞けないこと
理解度チェック問題

問1 法律に関する次の問いに答えなさい

❶ 次の中の語句を、効力の強い順に並べ替えなさい。
 { 法律・条例・憲法 }

❷ 法律と命令（法規）を合わせたものを何というか。

❸ 地方公共団体は、何に基づいて法規を自主的に制定するか。

❹ 地方自治法が制定された年を西暦で答えなさい。

問2 次のジャンルの中で、該当のジャンルにふさわしくないものをA〜Cで選びなさい

❶ 国内政治
 A 現政権の政策　B 高齢化の動向　C 安全保障

❷ 経済
 A 家電リサイクル　B 消費税　C 金融政策

❸ 厚生・労働
 A 地球温暖化対策　B 医療に関すること　C 少子化の背景と動向

❹ 社会
 A オリンピック　B いじめ問題　C 外交

答え

問1 ❶ 憲法、法律、条例　❷ 法令　❸ 自治立法権　❹ 1947年
問2 ❶ B　❷ A　❸ A　❹ C

問3 次の❶〜❸に該当する述語を下の枠内から選びなさい

❶『ただし書』の規定の述語として、主文章の規定の除外例を示すために使用。

❷ 創設的、拘束的な意味を持つもの。

❸「準用する」とほぼ同意のもの。

> 「例とする」 「例による」 「ものとする」 「とする」 「この限りではない」

問4 次の❶〜❹のパソコンソフトと、A〜Dの説明文で該当するものを選び、線で結びなさい

❶ Microsoft Word

❷ Microsoft Power Point

❸ ジャストシステム 一太郎

❹ Lotus 1-2-3

A 文章の作成・編集ができる。写真や図表を挿入することも可能。報告書や会議資料、見積書の作成に使用できる。

B パソコン用表計算ソフト。グラフ機能やデータベース機能もあり、公務員の職場でも長く使用されていた。

C 国産日本語ワープロソフト。シンプルで使いやすく、公務員の一部の部署では根強い人気がある。

D スライドショー機能などがあり、プレゼンテーションのために使用できる。現場の状況説明などの用途にも便利。

答え

問3 ❶「この限りではない」 ❷「とする」 ❸「例による」
問4 ❶A ❷D ❸C ❹B

問5　次のひらがなを漢字に直しなさい

1. こせきがかり
2. とうべんしょ
3. こくみんほご
4. かいけいかんさ
5. ずいいけいやく
6. ちんじょう
7. かんりょう
8. じむじかん
9. しょうがいがくしゅう
10. きふ
11. かんちょうほうもん
12. こうむいんりんりほう
13. さいがいきんきゅうじょうほう
14. いっぱんざいげん
15. ふくし
16. とくしゅほうじん

問6　次の漢字をひらがなに直しなさい

1. 政令
2. 産業振興
3. 市政
4. 大使
5. 官報
6. 指針
7. 覚書
8. 国庫補助金
9. 委託
10. 永田町

答え

問5 ❶ 戸籍係　❷ 答弁書　❸ 国民保護　❹ 会計監査　❺ 随意契約　❻ 陳情　❼ 官僚　❽ 事務次官　❾ 生涯学習　❿ 寄附（寄付）　⓫ 官庁訪問　⓬ 公務員倫理法　⓭ 災害緊急情報　⓮ 一般財源　⓯ 福祉　⓰ 特殊法人

問6 ❶ せいれい　❷ さんぎょうしんこう　❸ しせい　❹ たいし　❺ かんぽう　❻ ししん　❼ おぼえがき　❽ こっこほじょきん　❾ いたく　❿ ながたちょう

172

問7　次の単語を英語にしなさい

❶ 公務員

❷ 裁判官

❸ 政治家

❹ 議員

❺ 地方公務員

❻ 官僚

❼ 自衛官

❽ 秘書

❾ 刑務官

❿ 国家公務員

問8　次の日本語を英語に、英語を日本語にしなさい

❶ ここに訪れた目的は何ですか？

❷ この国にはどのくらい滞在する予定ですか？

❸ この部屋ではタバコを吸わないようにしてもらえますか？

❹ Do you have anything to declare?

❺ What is your occupation?

答え

問7 ❶ public official　❷ judge　❸ politician（あるいは statesman）　❹ member of an assembly（あるいは member of the Diet）　❺ local government official　❻ bureaucrat　❼ self-defense force official　❽ secretary　❾ prison official（あるいは prison guard）　❿ civil servant（あるいは government official）

問8 ❶ What's the purpose of your visit?（あるいは Why did you visit here?）　❷ How long will you stay in this country?（あるいは How long are you going to stay in this country?）　❸ Would you mind not smoking in this room?　❹ (税関で) 申告するものはありますか？　❺ 職業は何ですか？

Column 7

公務員が使っている専門用語

　霞が関は東京都千代田区の南部に位置します。多くの省庁が建ち並んでいることから、国会を有する永田町とともに日本の中枢として認識されています。そんな霞が関では多くの役人が職務に励んでいます。彼らの職場を少しだけ覗いてみましょう。

> 「20日の13時までに5点セットお願いね！」

　上記の「5点セット」というのはいわゆる業界用語。民間企業でもリスケ（スケジュールの変更）、アポ（約束をする）などのビジネス用語が使われるケースはありますが、公務員の間でも独特の表現が使われているのです。ここではほんの一部を紹介しましょう。

改め文	「かいめぶん」と読む。改正法令に付き物の「第○条中の"○○"を"××"と改める」という文章を指す。
公電	広義では官庁が出す公務の電報。ここでは外務省と在外公館（大使館を含む外務省の関連施設）で交わされる電報を指す。少ない文字数でやりとりするために独特の表現が多用される。
5点セット	法案本体に要綱、提案理由、新旧対照表、参照条文を添えてステープラーで綴じたもの。外部に見せる際の基本形。
3点セット	5点セットから新旧対照表、参照条文を除いたもの。
使送	広義では使いの者に持たせて送るという意味。ここでは省庁間の書類のやりとりを指す。使送便という宛名のみで関係機関に書類を送る仕組みもある。
マス目	法案を原稿用紙に書いて提出していた名残で、法案をマス目と呼ぶこともある。
マル秘	基本的に内部の文書をみだりに公開することは許されないが、特に秘密にしたい場合にマル秘がつけられる。さらに重要度の高いものは極秘、そして機密とされる。

Chapter

7

▷ 国家公務員の専門常識・基礎知識

総まとめ問題集

この総まとめ問題集では、Chapter1〜6の内容を復習できます。ひと通り本書を読み、それぞれの章の最後にある理解度チェック問題で正解できるようになったら、力試しにこの問題集に挑戦しましょう。

一度理解したことや覚えたことを忘れないために、繰り返し問題を解くのも一つの手です。この問題集を活用して本書の内容を復習し、定着させましょう。

国家公務員の専門常識・基礎知識 総まとめ問題集

問1
「2・6・2の法則」とは組織に所属する人物に対する言葉です。それぞれの割合にあてはまる勤務態度の特徴を答えなさい

❶ 上位2割　❷ 真ん中の6割　❸ 下位の2割

問2
「やる気満々で仕事に取りかかるも、思いのほか苦労して途中で折れてしまう」という気持ちを表した状況を何というか、下記のア～ウの中か選びなさい

ア インテンション症候群
イ モチベーションブレイク症候群
ウ バーンアウト症候群

問3
次の問いに答えなさい

❶ 国家公務員の職員の人数が決められた法律の名前を答えなさい。

❷ 下記の文章が正しければ○、間違っていれば×で答えなさい。
「東京都特別区（23区）の職員は国家公務員に含まれない」

❸ 国会が規定する法規範のことを何と呼ぶか答えなさい。

答え

問1 ❶ 仕事のできる人　❷ 平均的な人　❸ やる気のない、能力の低い人　問2 ウ
問3 ❶ 行政機関の職員の定員に関する法律　❷ ×　❸ 法律

問4 次のア〜ウの法律と関係がもっとも深い条文をA〜Cから選び、線で結びなさい

ア 日本国憲法

イ 地方公務員法

ウ 国家公務員法

A すべて職員は、国民全体の奉仕者として、公共の利益のために勤務し、且つ、職務の遂行に当っては、全力を挙げてこれに専念しなければならない。

B すべて公務員は、全体の奉仕者であって、一部の奉仕者ではない。

C すべて職員は、全体の奉仕者として公共の利益のために勤務し、且つ、職務の遂行に当っては、全力を挙げてこれに専念しなければならない。

問5 国家公務員に関する職業について、次の問いに答えなさい

❶ 国家公務員に属する公安職でないものを選びなさい。

| 海上保安官 | 消防官 | 公安調査官 | 皇宮護衛官 | 刑務官 | 入国警備官 |

❷ 国家公務員に属する専門職でないものをすべて選びなさい。

| 都知事 | 国税査察官 | 食品衛生監視員 | 労働基準監督官 |
| 麻薬取締官 | 選挙管理委員 | 財務専門官 |

答え

問4 ア-B イ-C ウ-A
問5 ❶ 消防官 ❷ 都知事 選挙管理委員

国家公務員の専門常識・基礎知識
総まとめ問題集

問6　次の解説文において、カッコ内の語句のうち、正しいものを選びなさい

❶ 国家公務員の勤務時間は、すべて法律により１週間あたりの労働時間が {38時間45分・43時間45分} と決められている。

❷ 公安職や研究業務を行う職員には、勤務時間を柔軟に割りふる {ストックタイム制・フレックスタイム制} が適用されている。

❸ 国家公務員の年次有給休暇（有休）は、１年間につき {15日間・20日間} 取得できる。

❹ １年間で使い切らなかった有休は、{翌年・翌々年} に持ち越して、使用できる。

❺ 国家公務員の定年年齢は {60歳・65歳} である。

❻ 国家公務員の定年年齢は、地方公務員の定年年齢と {同じ・異なる} 年齢である。

❼ 医師の定年年齢は {63歳・65歳} である。

❽ 技能労務職の定年年齢は {63歳・65歳} である。

❾ 人事院では残業に関して {国家公務員の行政労働に関する指針・超過勤務縮減に関する方針} を作成して残業削減への取り組みを行っている。

❿ 国家公務員と地方公務員の給与を比較するときには {ラスパイレス指数・SENSEX指数} が使われる。

答え

問6　❶ 38時間45分　❷ フレックスタイム制　❸ 20日間　❹ 翌年　❺ 60歳　❻ 同じ　❼ 65歳　❽ 63歳　❾ 超過勤務縮減に関する方針　❿ ラスパイレス指数

問7 次の下線部に入る言葉を答えなさい

1. 衆議院事務局に属し、議員や議院内の治安を守る役割を持った職種を❶_____という。

2. 地域・言語・専門分野のスペシャリストである❷_____は、外国政府要人との会合の通訳や❸_____（ホテル・会議場の確保、日程調整など）、相手国政府の情報収集、我が国の広報活動を行う。

3. 法務省専門職員としての主な業務は、矯正心理専門職、❹_____、保護観察官である。

4. 「官僚」「キャリア」と呼ばれるのは、国家公務員の❺_____職員のみである。

問8 次の解説文において、カッコ内の語句のうち、正しいものを選びなさい

❶ 次のうち、国家公務員にあたる職種はどれか。
　{公立学校教員・自衛官・郵便局員}

❷ アメリカとイギリス。日本と同じ議院内閣制を採用しているのはどちらか。

❸ 航空保安大学校は何年制であるか。

❹ 国会の議決により、国会議員の中から指名され、天皇より任命される職は何というか。

❺ 東京都特別区とは東京のどこを指しているか。

答え

問7 ❶衛視　❷外務省専門職員　❸ロジスティックス　❹法務教官　❺総合職
問8 ❶自衛官　❷イギリス　❸2年制　❹内閣総理大臣　❺東京都23区

国家公務員の専門常識・基礎知識
総まとめ問題集

問9　以下は公務員の歴史を簡単な表にまとめたものです。表を見て、以下の設問に答えなさい

```
1947年（昭和22年）　国家公務員法制定
1948年（昭和23年）　労働争議の激化による公務員法の改正 (1)
1950年（昭和25年）　（ア）法の制定（内容は国家公務員法にならう）
1985年（昭和60年）　日本電信電話公社が民営化されNTTが誕生 (2)
（昭和（イ）年）　　日本国有鉄道がJRに民営化
1997年（平成9年）　 行政改革会議最終報告 (3)
1999年（平成11年）　国家公務員倫理法の成立
2007年（平成19年）　日本郵政公社の民営化 (4)
2008年（平成20年）　国家公務員制度改革基本法が公布される。
（平成（ウ）年）　　内閣に内閣人事局が誕生
```

❶ カッコ内ア・イ・ウにそれぞれ適当な語句・数字を入れなさい。

❷ 下線（1）のきっかけとなった労働争議は何と呼ばれるか書きなさい。

❸ 下線（2）の根拠となった法律名を書きなさい。

❹ 1988年（昭和63年）に起きた公務員関連の事件。広告情報産業A社関連の値上がり確実の未公開株を政治家や官僚に譲渡し、戦後最大の贈収賄事件といわれた汚職事件は何か答えなさい。

❺ 下線（3）のように何度も試みられてきた公務員制度の改革において、明治時代から続く一部の公務員だけが独占する身分制度的な人事システムを何と呼ぶか答えなさい。

❻ 下線（4）のように2000年代には多くの行政改革がなされたが、2001年（平成13年）に行われた省庁の数を1府22省に減らした改革の名称と、それを行った内閣名を答えなさい。

問10 以下の設問に答えなさい

❶ 明治時代の官僚制度で公務員は「官吏」と呼ばれていたが、官吏を任命していたのは次のどれか。
　ア 天皇　イ 内閣総理大臣や各大臣　ウ 帝国議会

❷ 以下は明治時代の官吏制度を述べたものです。正しく述べているものを選びなさい（複数回答可）。
　ア 大日本帝国憲法が公布された後、憲法の規定に基づいて高等文官試験が行われた。
　イ 政府が官吏制度の整備を急いだのは、当時の薩長出身者中心の政権を批判からかわす意義もあった。
　ウ 官吏制度はドイツの官僚制度にならってつくられた。
　エ 職級のひとつである判任官は高等官ではない。

❸ 1981年（昭和56年）の国家公務員法改正で行われた改正は下のうちどれか。
　ア 60歳定年制の導入
　イ 労働基本権の制限
　ウ 公務員の倫理に関する改革

❹ 1972年（昭和47年）日米沖縄返還協定に関して起きた事件により被告の一人であった国家公務員は国家公務員法の服務規定に違反した。それは下のうちどれか。
　ア 政治的行為の制限　イ 秘密を守る義務　ウ 兼業の禁止

❺ 「聖域なき構造改革」をかけ声に小泉内閣で行われた特殊法人の民営化を2つ挙げなさい。

答え

問9 ❶（ア）地方公務員法　（イ）62　（ウ）26　❷ 2.1ゼネスト　❸（改正）電気事業通信法　❹ リクルート事件　❺ キャリア（制度）　❻ 中央省庁等改革　森（喜朗）内閣
問10 ❶ ア　❷ イ、エ　❸ ア　❹ イ　❺ 郵政民営化　道路4公団民営化

国家公務員の専門常識・基礎知識
総まとめ問題集

問11　次の文章は国家公務員法の一部である。それらを読んで下の設問に答えなさい

「この法律は、国家公務員たる職員について適用すべき各般の根本基準を確立し―中略―国民に対し、公務の（ア）的且つ（イ）的な運営を保障することを目的とする。」

「第1条第2項　この法律は、もっぱら日本国憲法第（ウ）条にいう官吏に関する事務を掌理する基準を定めるものである。」

「第3条第2項　（エ）は、法律の定めるところに従い、給与その他の勤務条件の改善―中略―その他職員に関する人事行政の公正の確保及び職員の利益の保護等に関する事務をつかさどる。」

「第55条　任命権は、法律に別段の定めがある場合を除いては、内閣、（オ）、会計検査院長―中略―の長に属するものとする。（以下略）」

「第36条　職員の採用は、（カ）によるものとする。」

❶ （ア）・（イ）に当てはまる言葉を下からそれぞれ選びなさい。
(1) 社会　(2) 現代　(3) 民主　(4) 効果　(5) 能率

❷ （ウ）に当てはまる数字を下から選びなさい。
(1) 2　(2) 15　(3) 73　(4) 99

❸ （エ）にあてはまる組織は何か。下から選びなさい。
(1) 内閣　(2) 内閣人事局　(3) 人事院　(4) 国会

❹ （オ）に当てはまる語句を下から選びなさい。
(1) 人事院　(2) 内閣総理大臣および各省大臣　(3) 国会

❺ （カ）に当てはまる語句を書きなさい。

答え

問11 ❶ ア (3)　イ (5)　❷ (3)　❸ (3)　❹ (2)　❺ 競争試験

問12 以下は国家公務員法の原理原則・条文の要約・条文の番号を並べたものです。それぞれ関係性が一番深いものを、アルファベット－数字－カタカナでひとつずつ選びなさい（例A－1－ア）

原理原則　アルファベット欄

A 情勢適応の原則　B 人事管理の原則　C 服務の根本基準
D 信用失墜行為の禁止　E 秘密を守る義務　F 兼業の禁止　G 身分保障

要約文　数字欄

1 営利を目的とする私企業の会社員・役員の職を兼ね、自ら営利企業を営んではならない。
2 官職全体の不名誉になるような行為をしてはならない。
3 その意に反して降任・休職・免職されることはない。
4 給与・勤務時間など勤務条件は―中略―により随時これを変更できる。
5 国民全体の奉仕者として公共の利益のために勤務し、職務の遂行にあたっては全力を挙げ専念しなければならない。
6 職務上知ることのできた―中略―を漏らしてはならない。
7 採用後の任用・給与などは採用年次・採用試験の種類にとらわれてはならず、人事評価に基づいて適切に行わなければならない。

条文番号　カタカナ欄

ア 96条　イ 100条　ウ 75条　エ 27条2項
オ 99条　カ 28条　キ 103条

答え

問12 （A－4－カ）、（B－7－エ）、（C－5－ア）、（D－2－オ）、（E－6－イ）、（F－1－キ）、（G－3－ウ）

問13 次の農業に関する記述で適する国の正しい組み合わせを答えなさい

A この国の農用地は国土の約32％を占める。とうもろこし、大豆、さとうきび、コーヒーなどが主な農産物で、さとうきびはバイオ燃料の原料として利用される。日本へは、鶏肉、とうもろこし、コーヒー等を輸出している。

B この国の農用地は国土の約53％を占め、なかでも放牧地の割合が大きい。牛肉、小麦、羊毛などが主な農産物で、日本へは、牛肉、小麦、木材チップ等を輸出している。

C この国の農用地は国土の約53％を占める。北部の西岸海洋性気候のもとで、小麦、牛肉、てんさいなどを、南部の地中海性気候のもとで、ぶどうなどを栽培している。日本へは、ワイン、ミネラルウォーター等を輸出している。

D この国の農用地は国土の約54％を占める。優良な耕地は沿岸部に多い。米、とうもろこし、小麦などが主な農産物で、日本へは、鶏肉調整品、冷凍野菜、生鮮野菜等を輸出している。

	A	B	C	D
❶	ブラジル	オーストラリア	中国	フランス
❷	アメリカ	ブラジル	フランス	イタリア
❸	インドネシア	アメリカ	ブラジル	イタリア
❹	ブラジル	オーストラリア	フランス	中国
❺	アメリカ	インドネシア	ブラジル	中国

問14 次のことわざや慣用句の意味として正しいものはどれか答えなさい

① 情けは人のためならず：
　人に親切にするのはその人のためにならない

② 役不足：
　能力に対して役目などが軽すぎること

③ 身から出た錆：
　自分がした善行の結果として幸せになること

④ 仏の顔も三度：
　優れた人を部下にするために三度も挨拶にいくこと

⑤ ひょうたんから駒が出る：
　よくないときにさらに悪いことが重なること

問15 2つの二次関数「$y=x^2 - x + 1$」と「$y= -x^2 + x - a$」のグラフが一点で接するとき、aの値として適切なものはどれか答えなさい

① 1　② $\frac{1}{2}$　③ $\frac{1}{4}$　④ 0　⑤ $-\frac{1}{2}$

答え

問13 ④　問14 ②　問15 ⑤

（シグマ飯塚校制作『平成26年度 第7回公開試験』を基に作成）

国家公務員の専門常識・基礎知識
総まとめ問題集

問16　次の文章のうち、正しいものに〇、間違っているものに×をつけなさい

❶ 条例とは、憲法に基づいて国会が定めたルールのこと。

❷ 国家公務員法には、国家公務員の採用や給与についても記載されている。

❸ 公務員に対する、団体交渉権の制限などを定めたのは「政令第201号」である。

❹ 文字で書き表された文書になっている法令のことを命令という。

❺ 金融政策や株価は、経済ではなく、主に厚生・労働の分野に入る。

問17　次の日本語の文章を英語に、英語の文章を日本語に直しなさい

❶ あなたのパスポートを見せてください。

❷ 英語が話せる人はいますか？

❸ Customs declaration form, please.

❹ How long will you stay in this country?

答え

問16　❶ ×　❷ 〇　❸ 〇　❹ ×　❺ ×
問17　❶ Show me your passport, please.（あるいは May I see your passport?）
　　　❷ Does anybody here speak English?　❸ 税関申告書を見せてください。
　　　❹ この国にはどのくらい滞在する予定ですか？

問18 次の漢字をひらがなに、ひらがなを漢字に直しなさい

1. 与党
2. 市政
3. 許認可
4. 出生届
5. 互助会
6. しけんしょうしんせいど
7. ようちばいしゅう
8. いっぱんざいげん
9. こせきがかり
10. さんぎいん

問19 次のA〜Dの文章は、述語の解釈の説明文になります。❶〜❹の解釈として該当するものを線で結びなさい

1. 改正する ●
2. 改める ●
3. 削る ●
4. 削除 ●

● A 法令の一部を改正する場合、改正される法令中の改められる部分の規定を跡形なく消す場合

● B 法令等の改正中の各部分について言う場合

● C 法令等を改正する場合に、法令等の改正全体をとらえて言う場合

● D 条名または号番を残して規定の内容を消す場合

答え

問18 ❶よとう ❷しせい ❸きょにんか ❹しゅっしょうとどけ（しゅっせいとどけ）
❺ごじょかい ❻試験昇進制度 ❼用地買収 ❽一般財源 ❾戸籍係 ❿参議院
問19 ❶C ❷B ❸A ❹D

索引 【INDEX】

英数字
- 2・6・2の法則 …… 15
- JR …… 112
- NTT …… 113

あ行
- 天下り …… 129
- 安全衛生業務 …… 81
- 安寧秩序 …… 34
- 一般職 …… 24、28、63
- 衛視 …… 60
- 大蔵省過剰接待事件 …… 107

か行
- 介護休暇 …… 49
- 海上保安学校 …… 61、83
- 海上保安官 …… 35、73
- 海上保安大学校 …… 61、83
- 外務省 …… 78
- 外務省国際機関人事センター …… 38
- 外務省専門職員 …… 32、61、78
- 化学 …… 31
- 霞が関 …… 22
- 家庭裁判所調査官 …… 67
- 官吏 …… 101、102
- 議員内閣制 …… 89
- 機械 …… 31
- 機関 …… 22
- 記述式専門試験 …… 137
- 技術職 …… 27、30、62
- 気象大学校 …… 61、83
- 技能労務職 …… 27、37
- キャリア …… 28、62
- 休日 …… 48
- 共済組合・年金 …… 52
- 矯正心理専門職 …… 79
- 勤務時間 …… 48
- 金融支援 …… 41
- クラブ・サークル活動 …… 53
- 警察官 …… 35、70
- 警察庁 …… 70
- 刑務官 …… 35、61、69
- 原課 …… 28
- 現業 …… 26
- 原局 …… 28
- 研修 …… 53
- 建築 …… 30
- 公安職 …… 27、34
- 公安調査官 …… 35、71
- 公安調査庁 …… 71
- 航空管制官 …… 33、61、80
- 航空保安大学校 …… 83
- 皇宮警察本部 …… 69
- 皇宮護衛官 …… 35、61、69
- 厚生省社会福祉法人事件 …… 107
- 厚生省薬害エイズ問題 …… 107
- 公務 …… 98
- 公務員 …… 12、20
- 国際通貨基金（IMF） …… 41
- 国際連合 …… 38

国際連合職員	39
国税査察官	32、64
国税専門官・税務職員	61、64
国税調査官	64
国税徴収官	64
国立国会図書館	61、74、77
国会職員	74、77
国家公務員共済組合連合会（KKR）	52
国家公務員倫理法	115

さ行

サーベイランス	41
在外公館	78
裁判所	61
裁判所事務官	66
裁判所書記官	66
裁判所職員	66
財務専門官	32、61、65
参議院事務局	61、76
参議院法制局	61
残業	49
三権分立	24
自衛官	61
資格任用	100
資格免許職	27、36
自然科学	140
自治体	14
司法警察事務	81
事務職	27、28、62
社会科学	139
社会福祉士	36
衆議院事務局	61
衆議院事務局・参議院事務局	74
衆議院事務局総合職	75

衆議院法制局	61
衆議院法制局・参議院法制局	74
出向・転勤	51
昇給	46、51
昇級（昇格）	51
昇進・異動	50
昇任	51
少年院	72
少年鑑別所	72
情報	31
消防官	35
食の安全	84
食品衛生監視員	32、84
資料解釈	145
人事院勧告	44
人文科学	141
水産業	31
数的推理	142
聖域なき構造改革	114
政策企画立案業務	62
政治任用職	24
政治任用制	87
精神保健福祉士	36
政府開発援助（ODA）	42
政府企業職員	21
税務職員	32
世界保健機関（WHO）	40
専門職	27、32
総合職	28、62

た行

多肢選択式試験	136
地方公務員法	123
地方政府職員	21
中央政府職員	21

手当	47	平成24年度試験制度改革	60
定年・退職金	49	防衛医科大学校	61、83
電気・電子・情報	31	防衛省	68、106
東京都特別区職員	82	防衛省職員	68
特定独立行政法人	27	防衛省専門職員	33、68
特定秘密保護法	106	防衛大学校	61、83
特別休暇	49	俸給	44、45
特別職	24	法務教官	72、79
独立行政法人	27、85	法務省専門職員	32、61、79
独立行政法人国際協力機構（JICA）	42	法令	14
独立行政法人日本貿易振興機構（JETRO）	43	保護観察官	79
都道府県警察	70	ボランティア休暇	49
土木	30		

な行

内閣人事局	128
西山事件（外務省機密漏えい事件）	111
日本国憲法	20
入国警備官	35、61、69
年金記録問題	107
農林業	31

は行

判断推理	143
非現業	26
病気休暇	49
福利厚生	52
物理	31
フレックスタイム制	48
ブロック制	63
文章理解	144
フーバー勧告	103

ま行

マッカーサー書簡	154
マネジメント職	42
麻薬取締官	33

や行

有給休暇	49

ら行

ラスパイレス指数	47
リクルート事件	107
律令制度	98
留学制度	58
臨検監督	81
労働基準監督官	33、61、81
ロジスティックス	78
ロッキード事件	107

おわりに

　この本を手に取ったあなたは、公務員にどんなイメージを持っているのだろう。公務員は休みが多い、時間通りに帰れる、などと非難されることがよくある。100歩譲って、そんな公務員バッシングにも一面の真理があることを認めたとしよう。でもそれを持ち出して彼らを厳しく管理したとしても、民間にせよ公務員にせよ、人は好きにやっていいよと言われると徹底的に手を抜いてしまう人と、自分のやりたいことを寝食忘れてやる人に分かれる。うまくまわっている組織は、もちろん後者の人が多いほうだ。

　この話題になるといつも、海上保安庁に進んだM君と久しぶりに再会したときのことを思い出す。「やあ」と言って教室に入ってきた彼の全身から殺気が出ていたのを見て、私はずいぶん驚いた。聞けばたったいま福島沖から実家のある浜松に帰ってきたところだと言う。そう、みなさんもお気づきになった通り、あの3.11の直後の話である。

　彼は福島沖の海上で、毎日毎日、何百体もの海に流された遺体を船に引き上げていたそうだ。遺体はボロボロで、引っ張ると腕がもげたり、腹を破ってカニが出てきたりしたと言う。船上からは煙の上がった福島原発が間近に見え、ガイガーカウンターの金属音が船いっぱいに鳴り響いていたそうだ。すでに何回目かそのようなミッションを終えた帰りに、教室に寄ってくれたわけだ。M君から殺気がほとばしっていた理由も腑に落ちた。それでもしばらく話をしているうちに、昔の彼に戻ってくれたのでホッとしたことを覚えている。

　現場の人たちは、時としてこんなふうに仕事をすることがある。私たちは、誰かが自分の能力のすべてを吐き出して、公のために貢献することでしか守れないものがあるということを忘れてはならない。あなたはどう思われるだろうか。この話だけで私は何らかの結論を出そうとは思ってはいない。ここには興味深い何かがあることがわかってもらえれば、それで十分だからである。

　時にはあなたも「自分から離れて、他人のため、社会のために、何ができるか」に目を向けてほしい。公務員は、そういう仕事だからだ。この本を手に取ってくれたあなたが、そんな彼らの仲間になってくれたらとてもうれしい。

静岡県浜松市中区旭町、JR浜松駅前にある
小さな公務員予備校シグマ・ライセンス・スクール浜松にて。

鈴木　俊士

■ 監修

鈴木 俊士（スズキ シュンジ）

シグマ・ライセンス・スクール浜松校長。
大学を卒業後、西武百貨店に就職。その後は地元浜松にて「シグマ・ライセンス・スクール浜松」を開校し、公務員受験専門の学校の校長として多くの公務員を輩出している。定員は25名という少人数制の学校ではあるものの、18年の間に1800人以上を合格に導く。築き上げたノウハウと実績を基に携帯アプリやオーディオブックも手がけている。また、監修を務めた本には『公務員採用試験面接試験攻略法』（つちや書店）などがある。学校の生徒だけでなく、日本全国の公務員を目指す受験生たちのために精力的な活動を続けている。

＜シグマ・ライセンス・スクール浜松HP＞
http://www.sigma-hamamatsu.com/

■ STAFF

本文デザイン	スタジオダンク
イラスト	秋葉あきこ
編集協力	スタジオポルト

受験する前に知っておきたい
国家公務員の専門常識・基礎知識

監修	鈴木　俊士
発行者	田仲　豊徳
発行所	株式会社滋慶出版/つちや書店
	〒150-0001
	東京都渋谷区神宮前3-42-11
	TEL 03-5775-4471
	FAX 03-3479-2737
	E-mail　shop@tuchiyago.co.jp
印刷・製本	日経印刷株式会社

© Jikei Shuppan Printed in Japan　　　http://tuchiyago.co.jp

落丁・乱丁は当社にてお取替えいたします。
許可なく転載、複製することを禁じます。

この本に関するお問合せは、書名・氏名・連絡先を明記のうえ、上記 FAXまたはメールアドレスへお寄せください。なお、電話でのご質問はご遠慮くださいませ。またご質問内容につきましては「本書の正誤に関するお問合せのみ」とさせていただきます。あらかじめご了承ください。